FUCKING CANCER

Éditions Eyrolles
61, bd Saint-Germain
75240 Paris Cedex 05
www.editions-eyrolles.com

Relecture/correction : Marie-Agnès Le Roux

Mise en page : Marion Alfano

Conception graphique : Audrey Gaucher © Studio Eyrolles

ISBN : 978-2-416-00755-2

FLEUR HANA + ILLUSTRÉ PAR ALIS

FUCKING CANCER

MES CHRONIQUES DRÔLES ET SANS TABOUS D'UN PARCOURS DE GUERRIÈRE !

Éditions
EYROLLES

À Renée, Mireille, Michelle
et toutes celles qui savent…

FLEUR

SOMMAIRE

PROLOGUE

LE JOUR OÙ ALBERT A FAIT SON « COMING OUT »

Un soir, au centre d'entraînement des nodules cancéreux kamikazes, le formateur s'avance face aux rangs de ses soldats d'élite :

– Nous avons repéré une cible parfaite ! Cela fait plusieurs années qu'elle soutient une association qui se bat contre le cancer du sein. Et comme nous sommes vicieux, c'est ***ELLE*** que nous voulons !

Murmures d'excitation parmi les nodules, ils savent que le moment est venu.

– J'ai besoin de deux volontaires ! reprend le formateur.

Tous les nodules font un pas en avant. Il sourit face à la fidélité de ses braves petits soldats.

– 34 mm et 15 mm, suivez-moi dans mon bureau afin que nous voyions ensemble les détails de votre mission.

Un peu plus tard dans les quartiers du formateur :

— Je compte sur vous. Vous savez qu'ils vont opérer et vous arracher à la cible. Mais avec toi, 34 alias Albert, on a de bonnes chances qu'ils lui retirent le sein entier !

— Chef, oui chef !

— Allez-y ! L'honneur du centre repose sur vos cellules !

Quelques jours après, la cible s'aperçoit de la présence des nodules. On lui annonce que c'est cancéreux et qu'elle va probablement finir Amazone.

CHAPITRE 1

LE JOUR OÙ MES NICHONS SONT PASSÉS DANS LE DOMAINE PUBLIC

J'étais allongée sur le dos et j'ai senti dans Dumber un truc **CHELOU** qui n'aurait pas dû être là. Oui, quand tes seins sont assez stupides pour laisser entrer l'ennemi, tu les baptises « Dumb & Dumber », et celui qui a été le plus abruti est bien entendu Dumber… Bref, 2 semaines plus tard, ***MES SEINS PASSAIENT DANS LE DOMAINE PUBLIC.***

Si tu es une femme et que tu as déjà été enceinte, tu sais de quoi je parle : il se passe la même chose pour ton vagin. Il voit défiler des tas de gens d'un coup, il ne comprend pas ce qui lui arrive.

Mais revenons à nos seins, enfin aux miens plus précisément. À partir du moment où on y détecte une grosseur, c'est terminé, ***TU PEUX T'ASSEOIR SUR TA PUDEUR***. Et si jamais tu as des tendances exhibitionnistes, tant mieux, ça te facilitera sûrement la suite de l'aventure. Personnellement, j'ai un remède efficace dont je te parle plus loin (c'est une astuce d'autrice pour t'inciter à lire le reste du livre).

D'abord, je vais voir le **GÉNÉRALISTE**. Il me malaxe les nichons comme s'il s'agissait de pâte à pizza. Je suis déjà morte de trouille, donc je me dis : « Allez, patience, ça va passer ».

Ensuite, je rencontre le **RADIOLOGUE**. Alors lui, il me fait une mammographie (crêpe de *boobs* ?), puis l'échographie et enfin la biopsie. Une sorte de forfait illimité question palpations et malaxage.

Puis, j'ai rendez-vous avec une nouvelle **GÉNÉRALISTE** pour autre chose mais qui me demande si ça m'ennuie qu'elle y jette un œil. ***HOP, UN PEU DE PÉTRISSAGE.*** Mais elle me dit que ma peau est parfaite, alors je pardonne.

Vient le tour du **GYNÉCOLOGUE**, qui me refait tout le tralala depuis le début. Et chez lui, ta pudeur, tu l'envoies à Ibiza se faire dorer la pilule parce que c'est : « Enlevez le haut et le bas. » ***HOP, TOUS À POIL, SOYONS FOUS !*** Mais il me dit que je n'ai pas de ganglions palpables, alors je fais abstraction.

Mais tu sais quoi ? J'ai la solution : tu te mets en mode **PILOTE AUTOMATIQUE**. Tu pars loin dans ta tête, pendant que la terre entière tripote tes nibards. Et tu t'habitues, on s'habitue à tout. Surtout qu'au stade où j'en suis, on est loin d'être au bout du tripotage. Ça va être salvateur, crois-moi, et pas uniquement pour épargner ta dignité mammaire. C'est un mode qui te permet de vivre normalement, autant que possible, pendant la longue attente du diagnostic. Quand ta vie est peut-être sur le point de basculer, tu développes des réflexes de survie dont tu ne soupçonnais pas l'existence…

CHAPITRE 2

LE JOUR OÙ LE RADIOLOGUE ET MOI, ON A JOUÉ À « QUI A LA PLUS GROSSE »

J'ai prévu de te parler ouvertement et sans aucun tabou de cette merveilleuse aventure. Donc, suite au palpage de nichon alarmant, je suis venue passer une mammographie pour identifier cette grosseur. Là, je me suis retrouvée à expérimenter la première biopsie de ma vie. Comme ça, en *freestyle*.

BOUGEZ PAS, JE REVIENS, VOUS ALLEZ VOIR, LA BIOPSIE EN TANT QU'ACTE EST RAPIDE, C'EST LA PRÉPARATION QUI EST LONGUE.

Déjà, mon gars, t'es gentil, mais j'ai les nichons à l'air, mes fringues sont dans une autre pièce, il y a du gluant d'échographie qui me dégouline sous le bras… Alors je ne pense pas aller bien loin pour le moment.

Dix minutes plus tard, **JE COMMENCE À PIQUER DU NEZ** parce que l'ambiance ici est un peu « salle de relaxation » : lumières tamisées, lit plutôt confort, pas un bruit…

Cinq minutes de plus, et il revient enfin avec son petit chariot. Je sors de ma torpeur pour tenter de m'intéresser à ce qu'il me raconte :

JE VAIS TOUT PRÉPARER, VOUS ALLEZ VOIR, C'EST ÇA LE PLUS LONG.

Merci, j'avais compris la première fois. Mais je ne peux pas lui reprocher de tenter de me mettre à l'aise.

Et là, il installe tout son bazar puis sort **UN ÉNORME ENGIN**.

Et non, il ne s'agit pas d'une métaphore sexuelle. Vraiment, il dégaine la seringue la plus grosse de tout le Far West, sans exagérer. Le piston doit faire, à vue de nez, **3 KILOMÈTRES DE DIAMÈTRE ET LE DOUBLE DE LONGUEUR**. Et je ne te parle pas de l'aiguille, tu vas tourner de l'œil.

SURTOUT, NE SURSAUTEZ PAS : QUAND JE FAIS UN PRÉLÈVEMENT, ÇA VA FAIRE CLAC, NE BOUGEZ PAS.

Gary, t'as une putain d'arme dans les mains, je n'ai pas du tout l'intention de moufter. Demande-moi de résoudre une équation à 48 inconnues, je suis sûre que, sous la menace de ce truc, j'en suis capable.

Petite anesthésie locale, parce que vu l'outil, je ne crois pas que j'aurais survécu. Et hop, on y va pour le premier prélèvement. CLAC. OK, il ressort l'aiguille et là, parce que je ne sais pas la boucler, je demande :

ÇA MARCHE COMMENT, EN FAIT, ÇA ASPIRE ?

NON, C'EST UNE GUILLOTINE. J'INSÈRE L'AIGUILLE DANS LE NODULE ET IL Y A UNE PETITE GUILLOTINE QUI COUPE UN MINUSCULE ÉCHANTILLON.

Ah. Pourquoi j'ai posé la question, déjà ? Ça me rappelle le jour où j'ai demandé au tatoueur si les aiguilles de son appareil, c'était comme un petit marteau-piqueur, et où il m'a répondu : « Non, c'est plutôt comme une scie sauteuse : **ÇA CREUSE DES TRANCHÉES** dans ta peau et l'encre s'y insère. » Tu sais, c'est ce genre d'informations que tu aurais préféré ne pas connaître, parce que ta vie est un peu moins un long fleuve tranquille une fois que tu sais ça. Tu ne peux pas « dé-savoir » (et oui, ça méritait qu'on invente un mot pour l'occasion).

Le truc, c'est que je n'apprends vraiment pas de mes expériences. Et maintenant, toi aussi tu aurais bien aimé ne pas savoir. Mais je ne vais pas te mentir, ce n'est pas mon genre. Dans mon monde, quand on pète, il n'y a pas d'arc-en-ciel qui forme un cœur parfumé au bois de santal autour de soi… Même si ce serait fun, j'avoue.

Cinq prélèvements plus tard, le radiologue me dit : « Ne vous en faites pas, je fais un seul trou d'entrée, ça ne se verra pas. » J'ai eu envie de lui répondre que vu la taille des nodules, on va sûrement virer tout le nichon, alors son trou d'entrée, entre nous, je m'en tape comme de mon premier point noir (puisqu'on parle de trou).

Ensuite, je demande si ça va faire mal une fois l'anesthésie passée… Il me dit que non. Deux jours après, j'ai un hématome de la taille d'un petit pays européen sur le *boob*. Quinze jours plus tard, il commence à peine à s'estomper et à être moins douloureux. Mais sinon, ça va, ça ne fait pas mal du tout (sarcasme). Ne jamais croire un radiologue sur parole, surtout s'il est armé d'une seringue géante.

Donc, au final, c'est bien le radiologue qui avait la plus grosse… Quand je pense qu'on répète que non, la taille ça ne compte pas… pardon de ne pas être tout à fait d'accord !

Surtout
ne
surs tez
pas

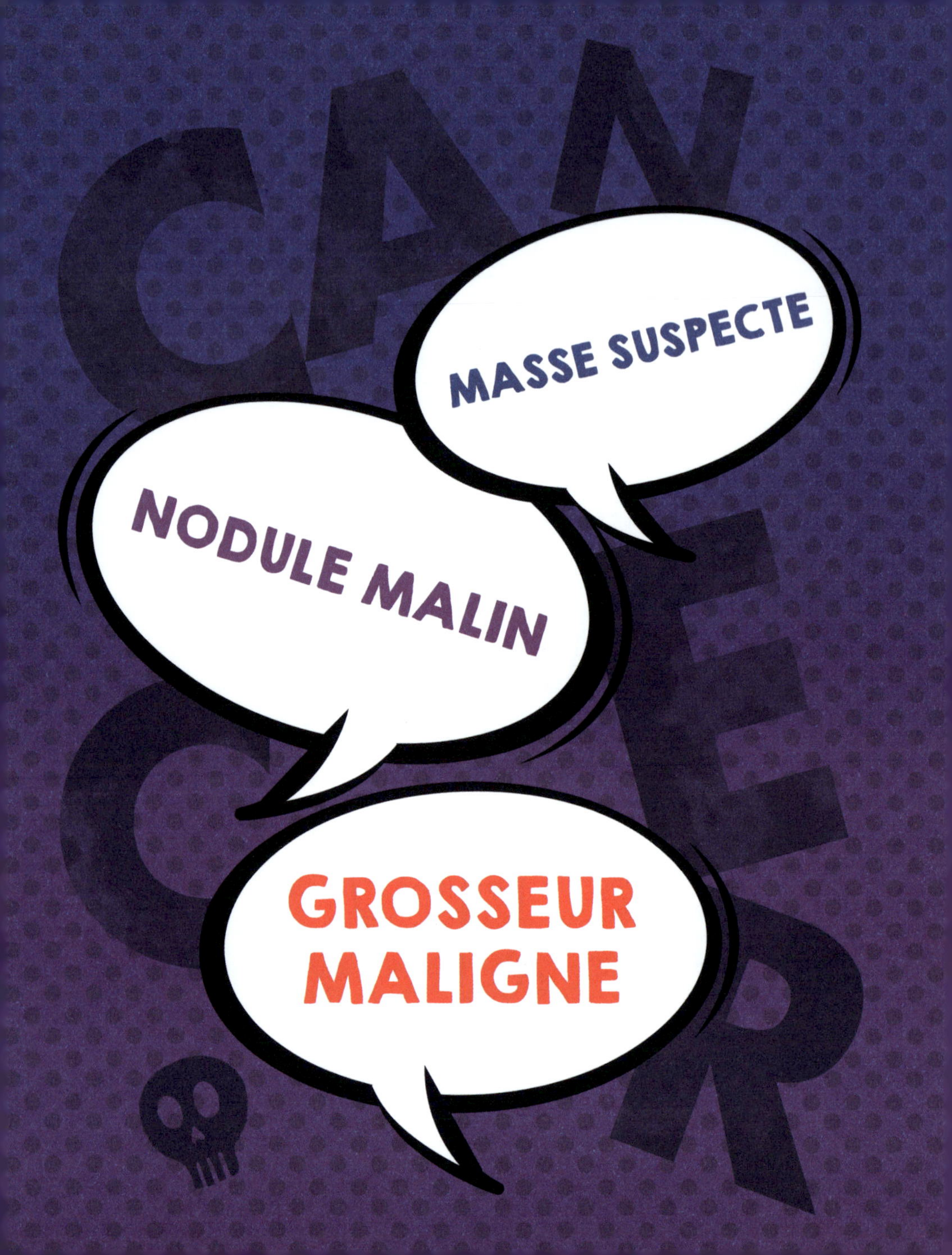
CANCER
MASSE SUSPECTE
NODULE MALIN
GROSSEUR MALIGNE

CHAPITRE 3

LE JOUR OÙ J'AI DÉCOUVERT LE MOT INTERDIT

Attention, je m'expose à la censure éternelle pour ce que je m'apprête à faire. Je prends des risques pour toi, tu le sais, ça ? Un peu de reconnaissance ne serait pas du luxe. Une statue à mon effigie ferait l'affaire, je ne suis pas difficile.

Pourquoi est-ce que je déclencherais le courroux des censeurs ? Parce que dans le milieu, on ne dit pas « j'ai un cancer du sein », mais « j'ai un nodule malin mammaire ».

Tu saisis la nuance ? **CANCER** est un gros mot dans le milieu médical et, jusqu'à présent, aucun des médecins à qui j'ai eu affaire ne l'a employé. Non, à la place on a le choix : « nodule malin » ou « grosseur maligne », voire « masse suspecte » ; c'est fou l'imagination dont le corps soignant peut faire preuve.

Surtout que moi, mon nodule, il était tellement malin qu'il a réussi à faire entrer un pote avec lui. Ah, les videurs de nichons, c'est plus ce que c'était. Aujourd'hui, n'importe qui peut s'incruster dans ton nibard sans que tu aies ton mot à dire.

Et ton « mot à dire » ne doit surtout pas être **CANCER** ! C'est une sorte de grossièreté déguisée en signe du zodiaque… Tu imagines l'horoscope du Cancer, si on se fiait à la première connotation qu'il évoque ?

SEMAINE DU 3 AU 9 SEPTEMBRE :

TOUT LE MONDE VOUS DÉTESTE,
VOUS INSPIREZ LA PEUR
ET DÉCLENCHEZ DES CRISES D'ANGOISSE
À L'HUMANITÉ.
L'OBJECTIF DE TOUT UN CHACUN
EST DE VOUS ÉLIMINER.
VOTRE SEULE SOLUTION
EST DE VOUS REPRODUIRE.
BELLE JOURNÉE
À TOUS LES CANCERS !

Alors que, entre nous, même si ce mot fait effectivement bien peur (« Merde, j'ai un putain de cancer ! »), j'en connais un autre qui me fait un effet bœuf à côté :

MÉTASTASES.

Pourtant, celui-ci, tout le monde l'emploie comme qui rigole. Je le trouve dix fois pire que son confrère mais, visiblement, c'est psychologique chez les médecins : on ne parle pas de cancer mais on papote métastases sans souci.

Comme je suis une rebelle, j'ai tout de suite préféré dire franco que j'ai un **CANCER** et que j'espère qu'il n'a pas rameuté tous ses potes. Mon mot interdit à moi c'est l'autre, celui qui me donne des sueurs froides en plein soleil. Tu me diras que je chipote, que c'est du pareil au même… Ben non, pas dans ma petite tête de cancéreuse (si la police des mots médicaux passe dans le coin, ça va me coûter cher !).

Pour preuve : on ne va pas voir le cancérologue, on va voir *l'oncologue*. Et on ne va pas en cancérologie, on va en *oncologie*. Vachement plus classe au niveau phonétique. Bon, ça revient à ce que je disais plus haut : *onk* en grec signifie « masse » ou éventuellement « tumeur » et *logos*, comme d'habitude, c'est l'étude. Mais ***TUMEUR***, tu n'as pas trop le droit de l'utiliser non plus. On ne va pas appeler ça la « tumeurologie », non, mon petit. Tu vois bien que ça te fait déguerpir une foule hurlante de terreur comme les habitants de Tokyo face à Godzilla ! Un peu de sérieux, je te prie. Oncologie, là c'est classieux, on sent le cachet tout de suite. Et puis maintenant, grâce à Dr House, tout le monde connaît au moins un oncologue… plus besoin d'expliquer. (Mais si, souviens-toi, c'est le second rôle un peu mou du genou qui passe son temps à se plaindre !)

En réalité, cet ouvrage aurait dû s'intituler :

Mais reconnais que, **DIRECT, L'IMPACT EST MOINDRE.**

CHAPITRE 4

LE JOUR OÙ ON M'A DIT QUE J'ÉTAIS COURAGEUSE

Une semaine après ma descente dans l'angoisse, j'ai les résultats de la biopsie qui confirment que, non, je ne fais pas partie des 5 % de petites chanceuses qui se payent une bonne trouille pour rien. Le gynéco ne m'a pas dit : « Ah ah ah ah, on vous a bien eue ! En fait c'est un truc bénin qu'on va vous enlever et vous serez tranquille. » J'avoue, j'ai naïvement vécu ce scénario dans ma tête. Mettons cela sur le dos du Lexomil…

Quand tu apprends que tu as un cancer, tu as plusieurs façons d'encaisser : sombrer tout au fond et te lamenter, ou remonter tes manches et devenir féroce.

Je vais être honnête (on se dit tout toi et moi) : j'ai commencé par sombrer. En mode :

DÉSESPOIR, MA VIE EST FOUTUE,
J'AI 32 ANS, JE NE PEUX PAS AVOIR UN CANCER,
JE N'AI PAS ASSEZ VÉCU, MON MARI ET MON FILS
COMPTENT SUR MOI, BLA BLA BLA.

On est d'accord, tout ça, c'est la stricte vérité et ça nous donne des circonstances atténuantes, Messieurs les jurés.

Sous le choc suite à ma mammographie classée ACR5 (95 % de risques que la tumeur soit cancéreuse), je fais venir un médecin à domicile pour lui demander de me shooter. Anxiolytiques et somnifères au programme, de quoi m'abrutir assez pour que j'arrête de penser au cancer. Et là, ça plane pour toi, je te le dis. Attention, je ne fais pas l'apologie des médicaments, mais enfin, soyons réalistes un instant : quand tu es tellement au fond du gouffre que tu réalises qu'il y a une cave, sous le fond, et que tu n'as pas tellement envie d'y aller (araignées, rats, humidité et toutes ces petites choses sympathiques qu'on trouve dans les caves), tu t'accroches à ce que tu peux. Et si pour ça, on te propose une béquille au Xanax, ma foi…

Le lendemain de ces résultats, je rends visite à mes parents, chez qui séjourne la meilleure amie de ma mère, une femme qui se bat aussi contre un cancer du sein. Je commence par pleurer comme un bébé dans ses bras, j'ai envie de lui dire : **« MAIS MERDE, POURQUOI NOUS ? »**, et puis cette grande gueule me fait asseoir et commence à me parler. Et quand je dis qu'elle a une grande gueule, c'est un euphémisme (si tu passes par là, Renée : sans rancune, tout le monde sait que tu as une grande gueule). Elle me remet illico à ma place, elle me donne une leçon de vie qui me chamboule : **« JE NE VAIS PAS ME LAISSER EMMERDER PAR UN CANCER DU SEIN. »**

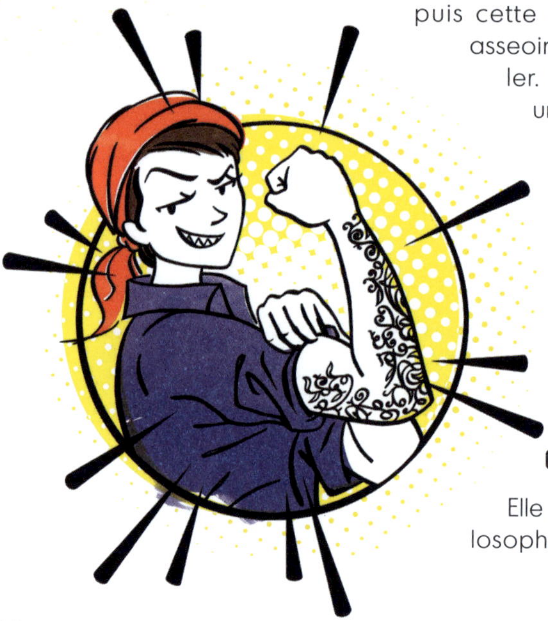

Elle prend les choses avec philosophie, et j'ai décidé de faire comme elle. Le lendemain, j'arrête les médicaments qui me donnent l'impression d'avoir fumé dix pétards en une heure (cette comparaison ne repose que sur la base de recherches sur Internet, je n'ai aucune idée de l'effet d'un pétard… cela va de soi, ce message s'adresse principalement à toi, inspecteur aux stups, qui lis par hasard ce livre, ou à ma mère qui pense que je suis pure et innocente). Et je fais comme la généraliste m'a dit, je cite :

**SI ON M'ANNONCE UN AUTRE CANCER,
JE METS DE L'ORDRE DANS MES PAPIERS.
SI ON M'ANNONCE UN CANCER DU SEIN,
JE REMONTE MES MANCHES
ET JE ME BATS !**

Ces deux femmes ont changé ma vision des choses. Oui, je venais d'apprendre que j'avais un putain de cancer et j'aurais préféré ne pas en avoir un. Mais j'ai aussi une vie, ***JE VAIS ME BATTRE***, et même si à certains moments je vais en baver, me morfondre dans mon lit ne servirait à rien (bien que j'apprécie de glandouiller, ne nous leurrons pas). Je suis devenue cette grande gueule. Enfin, mes proches te diraient que je l'ai toujours été, mais ne les écoute pas.

Je ne vais pas mentir et dire qu'ensuite je me suis sentie merveilleusement bien dans ma peau et dans ma vie. Mais j'ai beaucoup relativisé. J'ai eu des passages à vide, c'est normal, mais je ne baissais plus les bras, je ne restais pas dans mon coin à pleurer et à m'arracher les cheveux (en plus, la chimio allait s'en charger, donc je préférais autant les préserver jusque-là, tant qu'à faire).

En résumé, j'ai essayé de vivre le plus **NORMALEMENT** possible. Non pas comme si c'était le dernier jour de ma vie, mais plutôt comme si c'était le premier jour du reste de ma vie. Tu saisis la différence ? En plus, ce que je dis est beau, je t'autorise à l'imprimer et l'accrocher au mur.

Donc, non, je ne suis pas courageuse, j'ai simplement subi une situation merdique contre laquelle je ne pouvais rien. Mais je n'ai pas eu l'intention de me la jouer discrète face au cancer. Ce n'est pas du courage, c'est une rébellion, une réplique, c'est ne pas tendre l'autre joue quand on t'en colle une. Tu n'es pas obligée d'être aussi stoïque que Robocop, tu peux craquer, tu as le droit, mais fais de tes craquages une exception. Je ne suis pas courageuse, je suis déterminée.

Je suis aussi exhibitionniste, en quelque sorte, puisque je te raconte ma vie en détail. Mais tu sais quoi ? Parler de ce qui m'est arrivé, échanger avec des personnes qui ont vécu, qui *vivent* la même chose, connaissent des survivantes, t'ont envoyé des messages d'encouragements, t'ont soutenue (à distance ou sur place), tout ça, c'est très important. Ne va pas t'enfermer dans une bulle à ruminer, gueule un bon coup ! ***TU CONNAIS LE CRI PRIMAIRE ?*** Ben vas-y, lâche-toi, t'as le droit. La vie est une pute, mais comme dirait le personnage de Jacinthe Canet, Phillis Pine : sois pire qu'elle ! En résumé, la force des autres, c'est aussi la tienne (oui, je philosophe à mes heures perdues). Ça aussi tu peux l'imprimer.

AAAHHH!

CHAPITRE 5

LE JOUR OÙ J'AI PASSÉ UN PET SCAN

Retour au marathon médical. Une fois que tu as tes résultats de biopsie sous le bras, tu vas devoir passer une IRM et un PET scan.

Comme son nom ne l'indique pas, le **PET SCAN** n'est pas un petit animal de compagnie choupinet que tu vas pouvoir papouiller. Ce n'est pas non plus une flatulence, contrairement à ce qu'on pourrait imaginer. Non, c'est un peu plus glamour ; enfin à peine. **IL S'AGIT D'UN SCANNER, MAIS EN MIEUX.** C'est lui, et seulement lui, qui va être fiable en ce qui concerne la présence – ou pas – de métastases dans ton corps. C'est donc un incontournable, une sorte de VIP pour les cancérologues.

Ce jour-là, je n'en mène pas large. Déjà, il faut savoir que c'est un examen qui dure 3 heures. Mais au final, c'est moins contraignant qu'on le croit.

Alors que je me présente à la secrétaire, elle me dit qu'elle a une liste et qu'elle m'appellera.

Là, tu commences à te poser des questions. **UNE LISTE ? ÉTRANGE...**

Et puis, après avoir vidé ma vessie dans les toilettes réservées aux patients non injectés, une jeune femme avec une blouse violette me demande de la suivre. Nous parlons tout en marchant dans des couloirs, quand je réalise que je suis désorientée. Ils ont réussi leur coup : **ILS M'ONT PERDUE**, je ne saurais pas retrouver mon chemin. En plus, elle détourne mon attention en me parlant de mes antécédents médicaux, ce que je prends comme médocs, tout ça… J'ai affaire à des pros, c'est sûr.

Dans un dernier couloir, elle m'invite à m'asseoir. Elle poursuit son interrogatoire, tentant de sourire régulièrement pour me rassurer, mais je ne suis pas dupe, il ne manque que la lampe dans la tronche et les bottes montantes pour qu'on y soit vraiment ! Je cherche nerveusement une issue du regard mais non, **TOUT EST SURVEILLÉ**… Elle se lève et me dit de l'attendre. Lorsqu'elle revient, elle me pique le doigt… Sûrement pour pouvoir ficher mon ADN, me dis-je, alors qu'elle essaye de me faire croire que c'est pour vérifier ma glycémie !

Après 20 minutes à regarder les portes battantes dans les moindres détails, tentant d'élaborer un plan d'évasion digne de *Prison Break*, une autre personne en blouse violette vient me chercher. Ils sont tous habillés pareil, signe que quelque chose cloche ! Elle m'installe dans une petite chambre, un box en réalité. Et là, je dis merci qui ?

MERCI LE LEGGING !

Eh ouais ! Je dois enlever ma jupe parce que le bouton est en métal, le soutif vire aussi à cause des baleines, mais le legging, mon top, mes chaussettes : j'ai pu les garder. Ça m'a évité d'être à moitié à poil avec une chemise d'hôpital judicieusement ouverte dans le dos. ***TU NOTES LE CONSEIL ?*** N'y va pas en jeans, tu te retrouverais en culotte… Vive l'astuce du legging ! Et si j'avais eu besoin de m'enfuir, ça aurait été beaucoup plus pratique que la blouse ouverte sur mon postérieur bloblotant (oui, quand je cours, ça bloblote… je sais, je dois me remettre au sport).

Donc là, elle me pique pour installer la perf de **SUCRE RADIOACTIF** qu'ils vont m'injecter pendant environ une heure. Moi non plus je ne connaissais pas l'existence du sucre radioactif jusqu'à ce jour. Et tu dois rester le plus immobile possible pendant une heure pour que le produit ne se fixe pas dans les muscles (tu bouges → tu sollicites les muscles → le produit va s'y fixer, ce sacripant !). Là, je suis confortée dans mon idée que c'est une sorte de **COMPLOT GOUVERNEMENTAL**, tout s'emboîte trop facilement… Ils pensent avoir affaire à une débutante ? Que nenni…

Pendant une heure, tu te doutes bien que malgré les conseils de l'infirmière, je ne dors pas. J'observe le plafond, **LA CAMÉRA BRAQUÉE SUR MOI**… Et puis, c'est passé plus vite que je le craignais. Peut-être qu'en fait j'ai roupillé à un moment ? Mais cette caméra est venue s'ajouter aux nombreux indices qui me poussent à être sur mes gardes. Ils ont même baissé la lumière pour que je sois moins vigilante… **AH AH AH** (rire diabolique), on ne me la fait pas !

Avant l'examen, une troisième blouse violette me demande de refaire un petit pipi. Cette fois, dans des toilettes réservées aux personnes radioactives. Yep, je suis ***RADIOACTIVE*** pendant 24 heures et avec interdiction d'être à proximité de femmes enceintes et d'enfants en bas âge. Je suis sûre qu'ils ont gardé mon urine pour me ficher… Bref, ensuite c'est comme un scanner normal : tu es allongée sur une table-lit qui se glisse dans un gros anneau (le scanner), et pour ma part ça a duré précisément **12 MINUTES** à me faire balader d'avant en arrière (et, crois-moi, avant cela, je ne m'étais jamais fait balader d'avant en arrière pendant si longtemps ! *Dear Husband* (DH), sans rancune, je blague… mais non, bien sûr que je ne blague pas, 12 minutes !!!! Impossible, pas dans la réalité… seulement dans les films interdits aux moins de 18 ans).

Ensuite, direction la salle d'attente avec boissons fraîches/chaudes, petits gâteaux, compote de pommes etc., le tout mis à disposition, comme après un don du sang. Car oui, l'examen est à jeun… Quand tu le passes vers 8 heures ça va encore, quand il est presque 15 heures au moment où tu t'en vas, ça commence à être long. Mais je n'ai rien pris, grand fou ! **TOUT CECI FAIT PARTIE DU COMPLOT !** Ils ont fait appeler ma petite maman qui m'attendait de l'autre côté et je la retrouve à l'arrière du bâtiment. C'est décidément **SUSPECT**… Qu'ont-ils à cacher pour nous faire partir par la sortie discrète et retirée ? Mon cerveau ne cesse d'élaborer des hypothèses concernant cette équipe de « l'imagerie nucléaire », puisque c'est ainsi que ce **GROUPUSCULE** se fait appeler…

Je dois venir chercher les résultats le lendemain car je ne sais pas encore à ce moment-là où je vais être suivie, donc je préfère ne pas les faire envoyer. Ce sont les **24 HEURES** les plus longues depuis un bail. Je ne prononce pas un mot de la journée, ou presque (ce qui fait des vacances à mon entourage). Et quand j'ai enfin le compte rendu dans les mains (tremblantes), je pleure presque de joie. Presque… Je ne pleure pas de joie dans un centre hospitalier alors que certains pleurent de tristesse et de désespoir, je sais me tenir. Mais j'appelle DH dans la foulée, et je retrouve ma mère avec un grand sourire, j'appelle mon père et j'envoie des SMS à mes amies… Bref : je suis putain de contente que le PET scan n'ait rien révélé ! **RIEN !** À part ce qui avait déjà été décelé, bien sûr, sinon je me poserais des questions sur l'efficacité de ce système.

Ils ont mon ADN, mon urine, sûrement récolté des cheveux sur la blouse d'hôpital… Mais je n'ai pas de métastases :

LE COMPLOT NE M'INTÉRESSE PLUS.

Bon, tu vois, ces examens, on s'en fait tout un cirque. Au final, ça passe presque tout seul si tu continues à bien appliquer mon premier conseil : mets-toi en pilote automatique. **ET PORTE UN LEGGING !** Tu ne pourras pas dire que je ne t'avais pas prévenue…

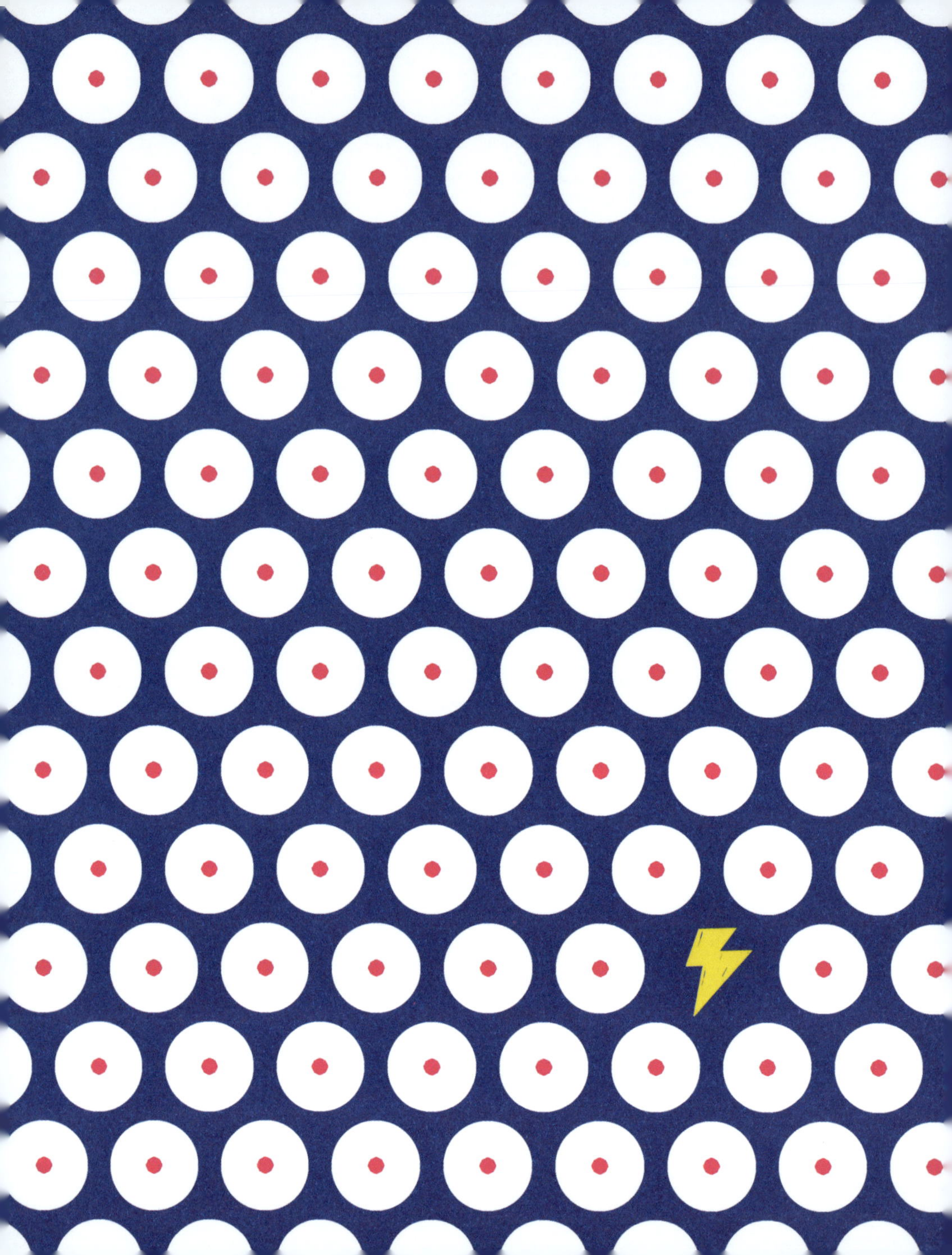

CHAPITRE 6

LE JOUR OÙ J'AI DÛ CHOISIR MA NOUVELLE TÊTE

Je ne vais pas te donner l'adresse d'une boutique magique où tu pourras **CHANGER TA TRONCHE**. Tu l'as, tu fais avec, sois mignonne. Non, là, il s'agit de mes cheveux. (Si ça ne t'ennuie pas, on parle de moi, ici, c'est un peu le principe.)

Comme je l'ai lu à plusieurs reprises, il est judicieux de prévoir **SON AVENIR CAPILLAIRE** avant de démarrer la chimio. Sachant que 3 semaines après ta première séance, tu peux postuler pour le groupe des *Skin Head Fashion Victim*[1] et faire concurrence à la calvitie de Pépé Anselme, il n'est donc jamais trop tôt pour y songer.

Deux options s'offrent à toi en cas de chimiothérapie : la perruque ou le bonnet/foulard/turban (bref, le textile).

1. Bien sûr que j'ai inventé ce groupe… Arrête avec tes recherches Google !

LA PERRUQUE

Tu t'imagines avec une perruque ? Moi, au début de cette « aventure », c'est non. Dans la mesure où on peut considérer que je ne cherche pas du tout à cacher ma maladie à **L'UNIVERS**, je ne vois pas bien l'intérêt. Je n'ai, jusqu'alors, jamais encore essayé de vraie perruque. Parce que je suppose que celle en poil de galinette cendrée radioactive ***ROSE FUCHSIA***, achetée en boutique de déguisements, ne compte pas.

En plus, à l'époque, je n'arrête pas de lire que l'été, **C'EST PLUTÔT MAL SUPPORTÉ.** Même le chir(urgien) me l'a dit. Donc je me laisse le temps d'aviser, mais dans un premier temps je pense vraiment m'orienter vers l'autre solution.

Miss Hollywood

LE BONNET/FOULARD

Le turban, ce n'est pas mon truc. Mais j'ai testé (avec mes cheveux au milieu) le bonnet + le foulard + les lunettes de soleil. Résultat : « Bonjour Mademoiselle, vous vous êtes égarée depuis Hollywood ? »

Bon OK, j'exagère un poil – rapport au fait que je vis dans le Sud, il paraît qu'on a tendance à faire passer des sardines pour des requins.

Le foulard, c'est ce qui me semble le plus pratique. Parce que garder la tête nue, mon enfant, ce n'est point possible. Un rhume de crâne tu attraperas ! Et un coup de soleil tu prendras ! Cesse de dire des inepties…

J'ai ainsi opté pour des bonnets neutres, foncés, et toute une panoplie de foulards plus colorés et funs les uns que les autres ! Je passe en mode FF (Foulard Forever, ignare) ! Je me suis fait plaisir en en commandant trois bien peps, mais je suis déjà pas mal équipée à l'origine.

À ce moment-là, je prévois, je planifie, je m'organise, mais je savais que le jour où j'allais perdre **MA TOUFFE**, c'est là que je verrais vraiment ce qui me conviendrait. Avant que la chimio ne fasse une descente dans mon corps, tels les stups dans une planque abritant un laboratoire clandestin de méthamphétamines, je profite encore un peu de ma longue chevelure épaisse et en bonne santé.

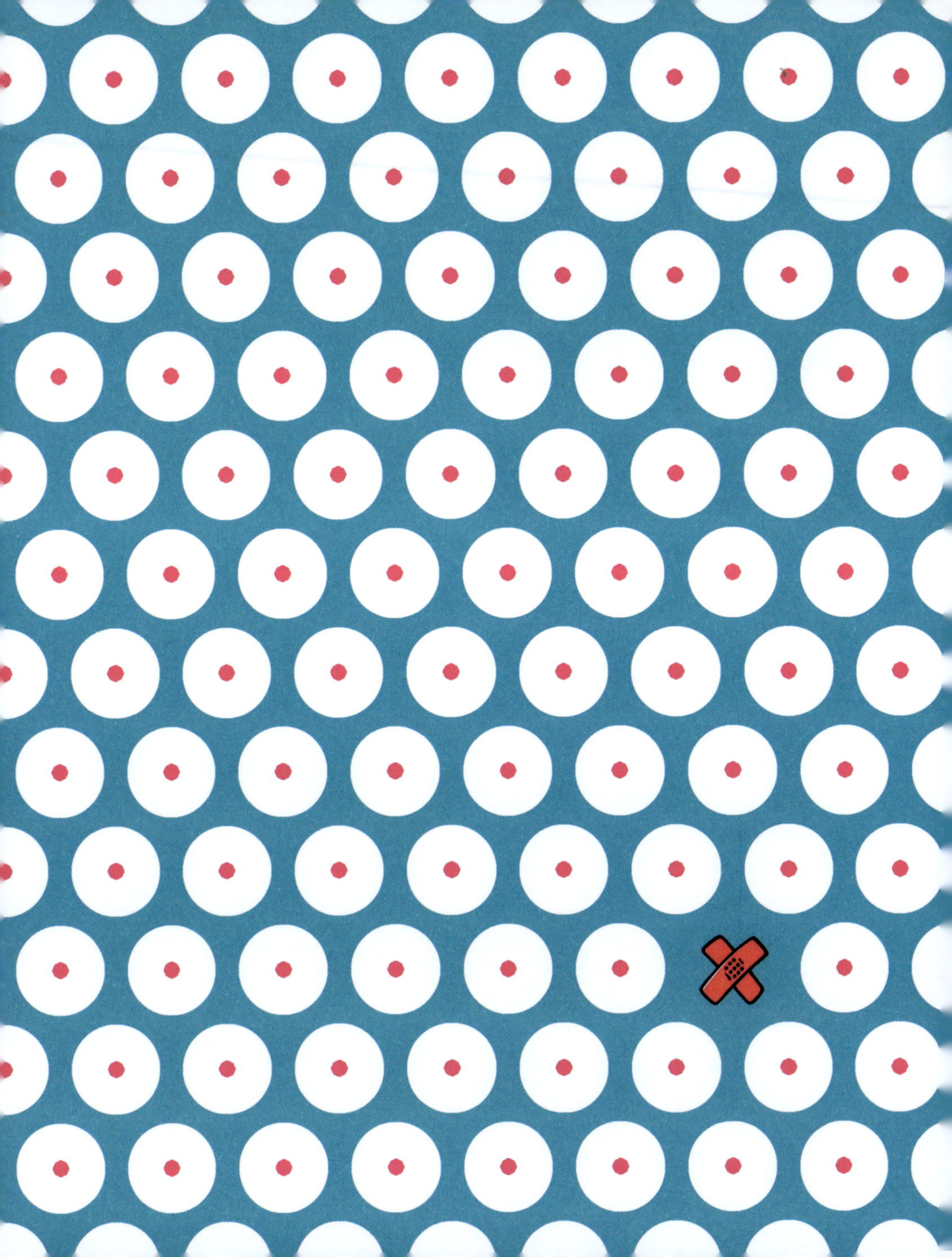

CHAPITRE 7

LE JOUR OÙ J'AI RENCONTRÉ ALEXANDRA

Après le PET scan, j'ai droit à ***L'IRM***.

À peine le temps de m'asseoir en salle d'attente qu'on m'appelle, me guidant jusqu'à un box où je dois une fois de plus me déshabiller, mais j'ai pu garder **MON LEGGING** ! (Alors si après ça, ce vêtement ne revient toujours pas en force dans ton estime... je ne sais pas ce qu'il te faut !) Bref, je passe la blouse, ouverte devant cette fois, et on me pose le cathéter.

On m'explique que l'IRM fait un bruit d'enfer, qu'on a l'impression d'être au milieu de travaux mais, fort heureusement pour moi, une IRM du sein ne dure qu'une dizaine de minutes. **5 MINUTES PAR NICHON**, peut-être ? De sympathiques préliminaires entre cette machine et moi. Il faut toujours positiver.

Un petit quart d'heure plus tard, on me fait m'installer sur la table-lit. À plat ventre, Dumb & Dumber trouvant chacun sa place dans un « trou », les bras tendus au-dessus de la tête. C'est la position la plus tordue que j'ai eue à prendre de ma vie, et quand je dis « tordue », c'est dans tous les sens du terme.

TOP GLAMOUR

Ça fait un boucan horrible, strident, entêtant, ça varie… Je me demande si ce bruit, à long terme, peut rendre fou. (Ce qui est stupide comme réflexion car les manipulateurs finiraient tous frappadingues. C'est peut-être le cas ?… Au bout de **10 ANS PASSÉS EN IRM**, tu goûtes à une retraite anticipée avec une camisole à très longues manches ?)

Cette fois, j'ai droit à un entretien avec le médecin-radiologue. **TOP, LE GARS**, sérieusement top. Déjà, il m'annonce que mon cas est passé en conseil pluridisciplinaire la veille. C'est le conseil avec le gynéco, le chirurgien, l'anesthésiste, l'oncologue et le radiologue, durant lequel on décide du protocole à adopter. **ILS SONT LÀ, EN TRAIN DE PAPOTER DE TES NIBARDS AUTOUR D'UNE TABLE.**

BONJOUR CHERS CONFRÈRES,
NOUS SOMMES RÉUNIS POUR DÉCIDER
SI LE NICHON DROIT DE LA PATIENTE,
BAPTISÉ DUMBER, **MÉRITE DE RESTER
OU PAS.** QUE CEUX QUI VEULENT
QUE DUMBER RESTE LÈVENT LA MAIN.
BIEN, IL RESTE,
ALLEZ, ON PREND L'APÉRO ?

NAN, je déconne, ça ne se passe pas exactement comme ça. En réalité, le vote est anonyme.

NAN, je déconne encore. En réalité, je n'ai aucune idée de comment ça se passe, mais si c'est comme je le décris, c'est plus fun, non ?

Le radiologue me parle donc du protocole que je vais suivre, évoquant une patiente présentant les mêmes caractéristiques de cancer que moi, y compris l'âge (ce qui est plutôt rare, je rappelle que j'ai 32 ans à ce moment-là, pour celles qui ne suivent pas, là-bas, au fond…) Là, je me dis que j'ai une sorte de **SŒUR JUMELLE DE CANCER** (on se console comme on peut). Et peu après, il vient me chercher dans la salle d'attente pour me la présenter.

ALEXANDRA EST RAYONNANTE (sans jeu de mots pourri, elle n'a pas encore démarré la radiothérapie). Elle sort de 4 mois de chimio (avec disparition totale des tumeurs, moi je dis bravo la chimio néoadjuvante !), elle porte une perruque et j'avoue que ça a relancé ma réflexion, car ça ne se voyait pas du tout ! Parce que oui, forcément tu zieutes. Elle est pomponnée, bien foutue, et elle me parle de son expérience en étant cash. Elle me dit que oui, je vais en chier un max avec la chimio, mais si elle a géré avec deux enfants en bas âge, alors je peux le faire. Elle me dit aussi que **ÇA A CHANGÉ SA FAÇON DE VOIR LA VIE** et je ne peux qu'être d'accord avec elle. Depuis que j'ai appris pour le cancer, je suis très capricieuse et… non, je plaisante encore ! (J'ai juste dit à DH qu'il ne pouvait pas être vilain avec moi à cause du cancer, ça ne compte pas.) Sérieusement, ça change ta vision de la vie. Elle, par exemple, s'est mise au sport – ce qui me motive à reprendre car, depuis quelques semaines, je suis comme une otarie échouée sur mon fauteuil… –, elle consulte une diététicienne, tout ça… Et elle m'a aidée à faire mon choix sur le lieu où je vais être suivie, ce qui n'est pas négligeable.

Je ressors de cette rencontre avec une patate d'enfer. Et, dans la foulée, j'ai les résultats de mon PET scan, donc autant te dire que je suis en mode ***MAXI POTATOES*** tout le reste de la journée ! Je le répète, parler avec des personnes qui vivent ou ont vécu ce que tu traverses, c'est essentiel à mon avis.

On prend tout le positif qu'on peut, même dans les situations pourraves !

Nous avons échangé nos numéros avec Alexandra, j'ai donc gagné une nana sympa dans mes relations. Et ce jour-là, je me dis : « Tu vois, toi, Albert le cancer, je m'en secoue la luette de ton plan machiavélique parce que si tu es le roi des fils des empotés de la compassion, moi je suis **LA REINE DES BISOUNOURS**, haha ! Tu l'attendais pas, celle-là ! Je vais te maraver à coups de « Câlinez ! » et tu ne vas rien comprendre… Tremble ! (Mais pas trop parce que comme tu squattes Dumber, je vais frétiller du nichon droit, alors frémis discrètement, merci.) »

CHAPITRE 8

LE JOUR OÙ LE CHIRURGIEN A CRU QUE J'ÉTAIS SOUS ACIDE

Forte de cette nouvelle amitié et des résultats hyperpositifs de mon scan, je plane encore lorsque je débarque au cabinet du chir qui va s'occuper de charcuter Dumber après la chimio. D'habitude, je suis suivie par son collègue, mais pour Albert, je switche pour être suivie par le **SPÉCIALISTE** que je rencontre pour l'occasion.

Ce monsieur doit avoir la soixantaine bien tassée et en impose : il a tellement l'air d'être en bonne santé que **JE LUI CONFIERAIS MES NICHONS SANS HÉSITER**. Ah, attends, ça tombe bien car c'est exactement ce qui va se passer… Le hasard fait bien les choses, non ?

Moi, je suis déjà en mode « **JE VAIS PÉTER LA GUEULE DE MON CANCER** ». Et là, le gars, innocemment, en rajoute une couche :

ÇA, C'EST CE QUE J'APPELLE UN **PARFAIT PET SCAN.**

J'ai failli me faire pipi dessus de joie. (Ce qui n'aurait posé aucun souci, j'imagine car, si tu l'as remarqué, chez les gynécos, **LES SIÈGES SONT TOUJOURS FACILEMENT LAVABLES**. Ce doit être en rapport avec les femmes enceintes qui perdent les eaux… Quand tu passes ton diplôme de gynéco, il doit y avoir un cours intitulé « Les trucs et astuces pour avoir un cabinet toujours au top » ou « comment s'équiper en waterproof du sol au plafond ».)

Ensuite, il a voulu palper la tumeur, bien sûr. Souviens-toi : tes nichons sont dans le domaine public – même si Dumb est assez délaissé au profit de Dumber (je dois donc gérer une petite crise de jalousie mais, au sein des fratries, c'est courant, on s'en sortira). Il dégaine alors son mètre-couture et mesure **MA TUMEUR TRIFOCALE**. J'aime ce mot « trifocale », sérieusement, ça en jette non ? Au lieu de dire « j'ai trois tumeurs conjointes », je dis « J'ai une tumeur trifocale ». Elle fait ***6 CENTIMÈTRES*** tout mis bout à bout. Ça fait peur, hein ?

Ben moi, je n'ai même pas peur. Parce qu'Alexandra, ma nouvelle copine, avait pire et même ses ganglions étaient atteints. Moi non, du coup **JE SUIS TROP AU TOP DE L'OPTIMISME** !

De retour à son bureau, le chir me demande si ça va, si je prends bien les choses… Ben ouais, c'est flippant mais je le prends super bien maintenant que je connais précisément ce contre quoi je me *fight*… Et que le pronostic est carrément ***ENCOURAGEANT*** ! Pas de métastases, une très forte réception à la protéine Her2 qui me permet de bénéficier d'un traitement qui donne d'excellents résultats (l'Herceptin), pas de ganglions atteints…

FUCK YOU
ALBERT

J'ai envie de dire : **QUE DEMANDE LE PEUPLE ?** Alors oui, je suis en mode « big smile ». Je crois que je commence à agacer mon entourage, d'ailleurs… Et toi aussi peut-être, parce que du coup, je te ponds des récits de la longueur de la muraille de Chine… Mais tu vois, si mon courage est de m'être battue contre le cancer, le tien, c'est de me lire.

CHAPITRE 9

LE JOUR OÙ J'AI EXPLIQUÉ LE CANCER À MON FILS

C'est la paupière tremblante, la main moite et la gorge nouée que j'aborde le sujet avec mon fils (oui, j'aurais dû écrire des scénarios de thrillers psychologiques, **JE SUIS DOUÉE POUR LE SUSPENSE**).

Un matin, alors que nous sommes tous les deux seuls à la maison, je prends mon courage à deux mains et j'explique à **MON FILS DE 8 ANS** ce que j'ai comme maladie, comment on va me soigner, les effets secondaires et tout le temps que je vais devoir passer à voir des médecins.

Je ne rentre pas spécialement dans les détails, je schématise le truc – ce n'est pas la peine non plus que mon fils décroche **UNE THÈSE EN CANCÉROLOGIE** pour tout comprendre.

Résultat : **FOU RIRE DU PETIT.** Il reste bloqué sur le fait que sa mère va avoir la boule à zéro et ressembler à Monsieur Propre (enfin, juste sur le détail de la coiffure, hein, parce qu'il a une bonne tête de con quand même, le Monsieur Propre). Forcément, je ris aussi, il a un rire tellement communicatif (un peu comme dans *Une nounou d'enfer*, pour tout te dire). Et on parle surtout de ça, que je vais être chauve plusieurs mois, que je vais devoir porter un bonnet pour protéger ma tête, que j'aurai peut-être une perruque, etc.

Je lui dis que c'est un cancer. Parce que je me doute que tôt ou tard le mot sera lâché devant lui, alors autant prendre les devants et lui donner les explications.

Je réussis à faire passer mon message : j'ai peut-être un cancer, mais de nous deux, il n'a pas encore capté que j'étais **LA PLUS TÊTUE**… Dommage pour lui, parce qu'on va lui faire la peau à coups de pied bien placés. Et donc, à ma demande, Élanor dessine ma tumeur pour dédramatiser. Car savais-tu qu'il était conseillé de dessiner pour extérioriser les émotions ? Eh bien maintenant, tu le sais.

LA TUMEUR PERSONNIFIÉE QUI NE SAIT DIRE QUE « TUMEUR » ET À QUI JE BOTTE LE TRAIN.

Tu vois, finalement, devoir assurer devant mon fils, ça m'a obligée à prendre les choses avec encore plus d'humour et de recul. Sauf qu'ensuite, cette petite pestouille s'est marré régulièrement en m'imaginant avec **LA BOULE À ZÉRO**… Le menacer de lui raser la tête par solidarité, ça aurait fait mère indigne, non ?

Et puis le bonnet **EN FIBRES DE POILS D'AISSELLES D'ORANGS-OUTANS EUNUQUES DE PAPOUASIE ORIENTALE** que j'avais commandé pour être prête le moment venu est arrivé, d'où l'ajout du bonnet sur le dessin parce qu'à l'origine, j'avais juste le crâne lisse **COMME UN CUL DE BABOUIN** (je ne sais pas ce que j'ai avec les références simiesques …)

Bref, j'ai dédramatisé pour lui, et je pensais à ma vengeance quand je n'allais plus avoir un poil sur le caillou et qu'il faudrait que je démêle **SES 60 CENTIMÈTRES DE LONGUEUR DE CHEVEUX**… (Oui, je suis un peu comme l'Orangina rouge, ne te demande pas pourquoi je suis si méchante. ***PARCE QUE***.)

Ce qu'il faut retenir de ce passage peu motivant, c'est que finalement, les enfants sont des éponges émotionnelles et que leur cacher la maladie les inquiète plus qu'autre chose. Le dialogue est salvateur, sans non plus entrer dans des tas de détails qui ne sont ni adaptés à leur compréhension, ni utiles à connaître. Il existe même des livres pour enfants pour aider à faire ce genre d'annonce. Et puis, ces mini-humains sont tellement résilients qu'ils nous donnent une force incroyable qu'on n'imaginait pas avoir. Communiquer est très important de manière générale, avec les enfants d'autant plus !

CHAPITRE 10

LE JOUR OÙ J'AI DÉCIDÉ D'EN PARLER

Cinq ans avant le cancer, avant que l'ironie de la vie me rattrape et me balance un uppercut, j'avais lancé **SCRAP N' ROSES** qui était un grand tirage au sort permettant aux participantes de gagner des lots de ouf offerts par des sponsors, et auquel on pouvait s'inscrire en faisant un don à l'association ***ÉTINCELLE QUI ACCOMPAGNE LES FEMMES QUI ONT / ONT EU UN CANCER***, et… je vais arrêter là la digression parce que tu as déjà oublié le début de ma phrase… Je disais donc que je voulais faire parler de l'événement un maximum.

J'avais l'habitude de dire que **TOUTES LES FEMMES ÉTAIENT CONCERNÉES** et, par ricochet, tout le monde l'était. C'était ma façon de sensibiliser. On est toutes la mère, la fille, la sœur, l'épouse, la cousine, la copine de quelqu'un… Donc, absolument tout le monde est concerné. Et durant tout le mois **D'OCTOBRE DE CETTE ANNÉE-LÀ**, j'ai fait un bruit pas possible, je demandais à tout le monde de partager l'info partout sur le Net, d'en parler autour de soi, bref : il fallait faire le ***BUZZ***. Ce qui a porté ses fruits puisque cette année-là nous avons récolté près de **1 200 EUROS** pour l'asso. Pour des débutantes, c'était pas mal… J'ai saoulé tout le monde, mais ça a payé.

Comme quoi, le logo pourri que j'avais réalisé à la MacGyver avec un bout de gruyère et deux allumettes a été convaincant !

Pendant la campagne pour l'événement, j'ai été confrontée à une personne qui m'a dit qu'elle refusait que je fasse ma pub sur son forum, parce qu'elle ne voulait pas voir, à chaque fois que je postais un message, ma signature qui lui rappelait que **LE CANCER DU SEIN EXISTE**. Elle préférait la politique de l'autruche. Parce que, pour certaines personnes, ne pas parler de quelque chose annihile son existence. Par exemple, ça marche avec ***VOLDEMORT***. Non, mauvais exemple, ça ne marche pas du tout, et en plus je viens de prononcer son nom et je vais l'attirer dans le coin. *Damned !*

Je n'ai rien dit, bien sûr, chacun voit midi à sa porte et j'ai respecté sa décision – même si intérieurement je faisais une manif de protestation façon Greenpeace en m'enchaînant virtuellement aux portes de son forum pour la faire changer d'avis. Si un jour elle était touchée de près ou de loin par la maladie, elle aimerait sûrement que **LES GENS SE MOBILISENT** pour soutenir une association sur laquelle elle pourrait compter pendant son parcours de la combattante. C'est ça que je ne comprenais et ne comprends toujours pas. Mais passons, ne lui jetons pas des cailloux tranchants à la tête, elle a le droit d'avoir ses opinions.

Mais en fait, ***J'AVAIS RAISON***. On ne sait pas si on va être touchée tôt ou tard. Ça m'est tombé dessus et j'ai envie de dire : tant mieux ! Parce que je ne souhaiterais jamais à qui que ce soit d'être à ma place ! Jamais ! Ou alors peut-être à… Non, je déconne, je ne suis pas aussi pourrie, tout de même ? Quoique… Mais non ! Je blague encore, quel humour, non ?

Aujourd'hui, je suis contente que de telles associations existent et que des personnes **S'INVESTISSENT**. Avant, je m'investissais sans être touchée personnellement. Maintenant, à mon petit niveau, je **M'INVESTIS** encore plus parce que je suis directement concernée. Et j'ai casé trois fois le verbe « **S'INVESTIR** » (hop, une quatrième) en trois lignes, c'est beau… Ça me donne envie de chanter, pas toi ? Si tu veux, tu peux voir en moi une sorte de **MÈRE TERESA DES NICHONS CANCÉREUX**, le fouet d'un côté et la cravache de l'autre pour maraver ce gourgandin de cancer. (Non, par contre, t'es mignonne, mais la combi en cuir on va éviter, parce que je n'ai vraiment pas le physique de **CATWOMAN**… Merci.)

CHAPITRE 11

LE JOUR OÙ J'AI VOULU M'AMUSER AVEC MES CHEVEUX

Aucune situation n'étant totalement négative, on apprend à se consoler des dommages collatéraux. Par exemple, la perspective de perdre tous mes cheveux a allumé une petite ampoule au-dessus de ma tête encore garnie : et si c'était l'occasion de me lancer dans des expérimentations capillaires qui, jusque-là, me faisaient peur ? Je peux me cramer les cheveux au 19° degré, ça n'a aucune importance, ils vont se barrer !

En ce jour du 23 mai 2014, à 12 h 35 heure locale, ma coiffeuse à domicile vient pour tenter de me colorer les cheveux **EN TURQUOISE**. Je sais qu'il y a une possibilité que ça ne prenne pas bien, car mes cheveux sont colorés depuis des années en noir/rouge. Donc la décoloration est plus délicate à réaliser. On doit faire **DEUX ROUNDS**… Dont je ressors KO.

Ces bâtards de cheveux n'en font qu'à leur tête et je suis devenue ***VERT SORCIÈRE***. Non, je n'ai pas fait de photo… Mais ça ressemble au vert Halloween, ce n'est pas un joli vert…

Du coup, on met en action le **PLAN B** et, comme j'ai demandé qu'on ne décolore que les longueurs pour pouvoir couper en cas d'échec critique : on coupe. Je me retrouve donc avec un carré plongeant.

Il me reste **DEUX MÈCHES VERTES** devant, mais ça va, ce n'est pas non plus flagrant. Et puis, le lendemain, je refais ma couleur habituelle, et là les deux récalcitrantes prennent sacrément cher !

N'empêche, il fallait que je tente le coup avant de tout raser. Si je n'avais pas essayé, je serais restée avec l'envie, parce que c'était une sacrée occasion de le faire. Si mes cheveux avaient été décolorés et avaient eu le look d'une botte de foin par temps caniculaire après le passage d'une famille **D'OPOSSUM SOUS LSD**, ça n'aurait pas été un souci puisque trois semaines plus tard maximum, j'avais prévu de passer sous la tondeuse de ma coiffeuse.

Moralité : si je veux du **TURQUOISE** à l'avenir, j'achèterais une bombe de teinture temporaire… Ceci dit, avec la coiffeuse, nous nous sommes fait la remarque que lorsque mes cheveux repousseraient postchimio, ils seraient blonds (ma couleur naturelle) et là, le turquoise pourrait bien prendre… Et finalement, j'ai fait du rose ! En attendant, après cette tentative ratée, je me console en me disant que j'ai profité de la situation pour en tirer du positif car, comme on dit, l'occasion fait le larron… On dit ça ? Je crois que c'est ça l'expression…

Finalement, pendant ce moment de ta vie où chaque jour est rythmé par des éléments plutôt dramatiques, tu te dois de t'accrocher à toutes ces petites choses superficielles, comme tester des couleurs et coupes de cheveux (une fois qu'on a pris un peu de recul, hein, peut-être pas dès le jour où on t'annonce que tu as un cancer). C'est ça qui t'aide à garder la tête hors de l'eau. Le propre de l'être humain est de s'occuper le plus possible pour éviter de penser à la mort, de manière générale. Alors ce cancer, là, c'est peut-être l'occasion de t'autoriser à lâcher prise, non ?

Ô
RAGE
Ô
DÉS-
ESPOIR

CHAPITRE 12

LE JOUR OÙ J'AI COMPRIS L'UTILITÉ DE LA FUTILITÉ

C'est **EN CE JOUR DE FÊTE DES MÈRES**, le 25 mai 2014, que j'ai compris à quel point la futilité était importante. Tu crois que c'est un contresens ? Tu te trompes, petite naïve.

Je t'explique. Sur le moment, mon entourage me répète souvent que je n'ai pas le choix, je vais devoir être forte, que ça va aller, je serai aidée et entourée, etc. Et je les remercie pour leur présence et leur soutien sans faille. Mais parfois, j'ai envie de monter sur une falaise, de m'installer juste au bord, par une soirée orageuse, et de crier :

« Ô RAGE, Ô DÉSESPOIR Ô CANCER ENNEMI ! »

Je ne le fais pas car, dans la vraie vie, je me péterais la tronche 30 mètres plus bas et ce ne serait pas beau à voir… Mais, dans l'absolu, je suis sûre que maintenant tu visualises bien la scène.

Parce que bon, **JE SUIS FORTE** on va dire 80 % du temps. Les 20 % restants je suis au choix : désagréable/déprimée. Chaque détail qui peut potentiellement me contrarier dans les 20 % de *bad mood* transforme une rivière en un **OCÉAN** (c'est beau, je suis inspirée).

Par exemple, quand j'ai dû passer les examens où on te demande de virer tout ce qui est métallique, j'ai enlevé mes piercings (et mon bras bionique mais je préfère ne pas en parler… non, je plaisante, il est en titane, je n'ai pas besoin de l'enlever), mais ces cons (les piercings, je suis obligée de faire des rappels à cause de mes digressions) ont profité de 48 heures de vacances pour se refermer. ***BEN ÇA M'A SAOULÉE, CLAIREMENT.*** C'est futile, mais ça m'a gavée. J'allais devoir repayer pour les refaire entre la pose du DVI (je t'expliquerai, je ne te laisserai pas dans l'ignorance, je ruse pour te pousser à poursuivre ta lecture. Astucieux, non ?) et le début de la chimio car, durant la chimio, il faut éviter tout ce qui peut provoquer une infection.

De façon générale, avant la chimio, je ne supporte plus de croiser mon reflet et son carré préchimio dans le miroir, parce que mes cheveux, je les porte longs, normalement. Et rien qu'à l'idée que j'allais bientôt postuler pour les pubs Madame Propre, je déprime (quoi, t'es pas au courant ? Bien sûr qu'ils recherchent l'égérie des produits de nettoyage qui sera la symétrie axiale de Monsieur Propre ! Comme t'es trop pas au fait de l'actualité, tu crains). Les cheveux, par rapport à la santé, c'est futile. Mais ça me plombe vraiment. **C'EST COMME ÇA.**

C'est donc dans un certain état de nervosité que j'arrive chez mes parents, le jour de la fête des Mères. Et là, je vois qu'il n'y a que des boissons gazeuses. C'est la goutte de rivière qui fait déborder mon océan. Littéralement, je veux dire. Je pleure de désespoir parce qu'il n'y a pas d'Ice Tea ou parce que je n'aime pas le repas que ma mère prépare.

Ou encore parce que mon mari ne m'a rien acheté pour la fête des Mères – alors qu'il est au top tous les jours et aux petits soins avec moi (pas la peine d'envoyer des menaces de représailles à *Dear Husband*. Et toi, DH, si tu lis ça, inutile de faire une danse à la Chandler).

Si je te parle de tout ça, c'est pour que tu saches que j'ai aussi eu des moments de découragement. Et il se peut que ça m'arrive encore. Heureusement, j'arrive plutôt vite à me ressaisir. La question à ce moment-là était : vais-je faire le vide autour de moi avec ces 20 % de *bad mood* ? Parce que je n'ai vraiment pas été cool, et je n'ai pas envie qu'on me pardonne tout parce que j'ai un cancer. ***ALBERT NE DOIT PAS DIRIGER MA VIE !*** Je n'ai pas été sympa avec mes proches ce jour-là et j'espérais que si je devais encore avoir le *bad mood*, j'arriverais à ne pas m'en prendre à eux, parce qu'ils le vivaient aussi ce cancer, différemment mais ils le vivaient. Et je n'ai même pas trouvé une connerie à ajouter là pour te faire rire. Mais ne larmoyons pas, mes sœurs, rions.

Tu vois, au final tu pensais que j'étais une super héroïne, **ALORS QU'EN FAIT, JE SUIS COMME TOUT LE MONDE** (ah ah ah ah, tu es trop crédule ! Et hop je retire de ton esprit tes doutes quant à ma nature humaine et mon identité secrète est bien conservée. *You fool!*) Mais tu sais quoi, c'est normal. On n'est pas des Wonder Women, ni même des Betty Draper (ce serait anachronique, d'ailleurs, et assez flippant). On a le droit de se transformer en Gremlins de temps en temps, tant qu'on est conscientes que c'est l'angoisse et le stress qui prennent temporairement le dessus. Si on ne dépasse pas les 20 %, c'est déjà pas mal (le *bad mood* est indexé sur la TVA). Et puis parfois, on a de belles surprises. Comme lorsque j'ai rencontré mon Mister T…

CHAPITRE 13

LE JOUR OÙ J'AI RENCONTRÉ MISTER T.

Mon cancérologue a un nom de famille qui commence par T. J'ai donc décidé de le baptiser ***MISTER T.*** parce qu'on va devenir intimes, l'air de rien, donc il lui fallait un petit nom, comme tout le monde dans cette aventure. Il a déjà fait connaissance avec Dumb & Dumber, pour tout t'avouer.

Mister T. a une réputation de **PITBULL** dans le milieu. Le centre de cancéro, c'est un peu la mafia locale au niveau de la clinique, tu reconnais les membres du gang : ils n'ont pas de cheveux et arborent des turbans et autres foulards. (Et bah quoi ? C'est ainsi que je le voyais. Mon humour n'allait pas en s'améliorant, mais en même temps, j'avais le droit, vu que bientôt j'allais être aussi vierge du crâne qu'un poulpe). Le radiologue m'a prévenue : « Vous allez voir, il a un **CARACTÈRE DE CHIEN** mais c'est un excellent médecin. » Alexandra, qui est également suivie par Mister T., m'a aussi dit qu'il était spécial et que ce n'était pas facile d'avoir des infos avec lui.

Je me présente donc à mon rendez-vous en étant **SUR MES GARDES**. Je me dis que le gars est là pour me soigner, pas pour devenir mon meilleur pote, donc ce n'est pas grave s'il n'est pas très avenant. Mais quand même, je m'attends à être face à une **PORTE DE PRISON**. Je me suis préparée psychologiquement, tu vois.

En sortant du rendez-vous, ma mère et moi on se regarde et je lui dis : « Tu crois que j'ai vu le bon médecin ? Si ça se trouve, on s'est gourées de bureau… » Douée comme je suis, avec mon sens de l'orientation qui me perdrait entre ma boîte aux lettres et mon appartement, ça ne m'aurait même pas étonnée.

Ben, le Mister T., il a été **AU TOP AVEC MOI**. Poli, sympa même, avenant, super ouvert, il m'a tout expliqué en long, en large et en travers.

À la fin, on sort pour aller régler auprès de sa secrétaire et je l'entends dire à ma mère : « Allez, courage, hein, ça va bien se passer ! » Quelques secondes après, il me la refait en me prenant par l'épaule. Au top, je te dis. D'ailleurs, j'ai eu peur sur le moment. Peut-être qu'il posait un mouchard sur mes fringues ou je sais pas, moi ! On m'a annoncé le diable, je me méfie toujours un peu. Mais il ne m'a même pas collé un poisson d'avril, c'est dire s'il est choupinet.

Bon, c'est vrai qu'il est ***CASH***. Il m'a dit que quand on démarre par la **CHIRURGIE** et non par la **CHIMIO** (moi j'ai démarré par la chimio, pas par la chirurgie. Suis un peu, ce serait sympa…), dans mon cas (tumeur super grosse), c'est pour enlever le sein, texto. Il m'a aussi annoncé tous les **EFFETS SECONDAIRES** possibles (dont la ménopause, sans dec', la ménopause ! je m'en remets pas…) sans chercher à minimiser, mais en me disant quand même que ça varie énormément d'une personne à l'autre. Par contre, il a confirmé que ce traitement pulvérise les cheveux à coups de fulguropoings, mais je l'avais déjà compris car Alexandra portait une perruque lors de notre rencontre. Donc pas de surprise à ce niveau.

Bref, on m'annonce un genre de sociopathe asocial et agressif (*Dr House*, en fait) et j'ai limite un bisounours en face de moi. Alors, Mister T., même si tu as parfois été de mauvaise humeur pendant nos quatre mois de relation (pro, cela va de soi), rien que pour ce premier rendez-vous au top, je te pardonne !

Allez, ça va bien se passer !

Et comme y a des femmes qui lisent ce livre parce qu'elles sont vraiment intéressées par le cancer et pas seulement mes blabla, je confirme qu'Albert surexprimait fortement **HER2** (je te le dis comme on me l'a dit, hein, c'est pas de moi, tu t'en doutes), ce qui m'a permis de bénéficier de la chimio d'abord, ou plus exactement d'une chimiothérapie **NÉOADJUVANTE** avec double traitement d'Herceptin/carbo & taxo, à raison de 6 séances (une toutes les 3 semaines). Ensuite, on charcuterait Dumber, selon s'il en restait ou pas, parce qu'alors Albert aurait sûrement mis les voiles, bouté sauvagement hors de mes nichons grâce à la chimio, mais, dans le doute, on en enlève de toute façon un peu. Et puis on ajouterait 12 injections d'Herceptin en parallèle à 7 semaines de radiothérapie, à raison de 10 minutes par jour, 5 jours par semaine (« c'est sa peau contre ma peau et je suis avec elle… », je n'ai pas résisté, *sorry* ! Surtout que maintenant tu l'as sûrement dans la tête, non ?) Tu n'as rien compris, mais t'inquiète, l'essentiel c'est que moi, je suive. Ou pas. Y a quand même des professionnels de la santé qui sont formés pour s'occuper de détails comme le protocole médical, et ça me permet d'écrire tranquillement mes conneries.

Grosso modo, à cette période, on est parti pour un an de réjouissances : danse la Soca Dance avec moi, s'il te plaît. Et puis, j'appelle ça ***« LE PROTOCOLE D'ALBERT »*** parce que moi, en vrai, je vais très bien, je t'assure. Je sens bien Albert, qui s'est placé à un endroit stratégique où je ne peux l'ignorer (il a toujours eu des soucis de confiance en lui ; du coup faut qu'il attire l'attention, sinon il fait une dépression nodulaire), mais en dehors de ça, je me sens bien. La chimio, elle est là pour virer Albert. Donc c'est sa chimio, pas la mienne. Hein, Albert ? Il n'aurait fait aucun commentaire sans la présence de son avocat. Il n'avait pas encore compris que je faisais **JUSTICE MOI-MÊME**, le naïf. La trêve hivernale étant terminée, mon gars, va falloir dégager… Et puis « le protocole d'Albert » ferait un excellent titre de film du type complot gouvernemental avec des courses-poursuites pour tenter de sauver la clef USB contenant les preuves pouvant faire tomber le président des USA… Pardon, je me recentre.

J'ai même eu mon **CARNET** de la parfaite petite cancéreuse. Dedans, il y a plein d'informations utiles et mes rendez-vous que la secrétaire me notait d'une fois sur l'autre. Je me sens l'âme d'une scout : toujours prête ! Fallait juste que j'oublie pas mon carnet à la maison, ça aurait été ballot… J'ai hésité à le faire dédicacer par Mister T.

Avec des infos pareilles, on peut dire que toi et moi aussi, on est intimes, maintenant. Attends, bientôt je vais te causer des effets secondaires et là, tu vas te dire que tu n'en espérais pas autant au niveau des confidences !

LE PROTOCOLE D'ALBERT

CHAPITRE 14

LE JOUR OÙ J'AI VU LES VAMPIRES, MISTER X ET OÙ MON CERVEAU A DISPARU

Quand je te *tease* avec des titres pareils, je sais que tu kiffes, comme disent les jeunes (est-ce que les jeunes disent encore ça, d'ailleurs ? Je dois déjà être *has been* avec des expressions de ce genre).

Quelques jours après mon premier rendez-vous avec Mister T., un vendredi, j'ai eu une journée que je qualifierais de « relou », pour rester polie (et ça, c'est pareil, ça se dit, encore, « relou » ?)

Déjà, je me lève à 6 h 45 pour aller me faire aspirer le sang au **LABO** à deux pas de chez moi par les **VAMPIRES**, aussi appelés laborantins. La gueule de traviole et le mascara qui dégouline, j'arrive à 7 heures devant la porte, sauf que je vois qu'en fait, ça ouvre à 7 h 30. ***JE L'AI MAUVAISE***. Je repars chez moi, l'ha-

leine chargée, et je m'active parce que maintenant que je suis réveillée, autant être utile. Je prépare mon p'tit dej', histoire de me jeter dessus dès mon retour comme la famine sur le pauvre peuple (ou comme dirait mon père : « comme la petite vérole sur le bas clergé », me demande pas d'où il sort cette expression, mais c'est un classique chez moi).

7 h 30, j'arrive au labo, y a déjà trois vieux avant moi. Alors, sont mignons les vieux, mais je ne sais pas comment ils ont fait pour me coiffer au poteau. J'étais déjà pas jouasse, là je peux te dire que dans ma tête c'est l'hécatombe gériatrique. Mais bref, ça va relativement vite. L'infirmière met juste cinquante ans à trouver une veine, mais ce n'est pas de sa faute, j'ai des veines timides, qu'est-ce que tu veux. Elles sont sûrement traumatisées de l'**AIGUILLE**. Du coup, à chaque fois, je me fais sauvagement gifler l'intérieur du coude et au final on me pique sur la main. Je leur dis tout le temps de piquer directos là, mais c'est un challenge pour eux : on ne voit pas de veine donc il faut en débusquer une. C'est comme ça que, des fois, je me retrouve avec trois pansements à chaque bras… Enfin bon…

Ensuite, à 9 heures, je dois m'appliquer une crème anesthésiante sur Dumber. Donc je m'y colle, et là, je vois quoi ?

un poil !!!

Nom de Zeus ! Je me jette sur ma **PINCE À ÉPILER** et je vérifie bien parce que j'ai rendez-vous une heure après chez **MISTER X**, le radiologue qui tire bien entendu son petit nom des rayons, et j'ai pas envie d'y aller le nichon velu (je t'avais prévenu que toi et moi on serait super intimes, mais tu ne pourras pas dire que je fais de la langue de bois, ce n'est pas mon genre). Tu vas voir l'importance de ce détail plus loin (je parle du poil parce qu'avec mes 12 digressions, je suis sûre que je t'ai encore perdue).

Bon, bien sûr le **RADIOLOGUE** a 15 minutes de retard, mais son assistante est sympa, et je les fais bien rire en leur disant qu'en fait, Mister T. est top. Ils me disent que j'ai dû lui taper dans l'œil. Mais non, j'étais avec ma mère, et le doc a l'âge de mon père, voyons, soyons sérieux une minute je vous prie. Surtout qu'il m'imaginait sûrement déjà chauve à te faire un remake de l'exorciste dans ma chambre, en mode effets secondaires de la chimio.

Le radiologue doit me poser un **CLIP**. C'est un repère dans Albert, au cas où il se barrerait complètement, pour que le chirurgien sache où opérer et nettoyer les alentours. (Tu diras pas que je te mâche pas le travail, hein !) Il me demande de lever le bras droit et de le mettre derrière la tête, pour l'écho, tu sais, on voit mieux (mais si, tu sais, et sinon, maintenant, tu sais).

Et là, c'est le **DRAME** : j'ai oublié de faire place nette sous mes bras. Ce n'est pas l'Amazonie sauvage en période de mousson non plus, mais ça commence à **REPOUSSER**. Donc trop tard, j'ai un zéro pointé en glamouritude. Déjà, Dumber commence à rivaliser avec Edward aux mains d'argent question cicatrices, alors on peut dire que pour draguer dans les centres médicaux, je ne suis vraiment plus au point. (Mais non, DH, en vrai je ne drague pas, allez, boude pas ! Je ne drague pas, je te dis, et puis là, au moins, tu peux être sûr que je ne risque plus de me faire draguer, avec les poils et tout ça…)

Plus tard dans la journée, j'ai une **IRM CÉRÉBRALE** à passer pour compléter le bilan préchimio. On est un peu juste question *timing*, mais je dis à ma mère de se détendre du bulbe parce qu'ils sont à la bourre partout dans ces trucs médicaux. Bien sûr, je débarque et… ils m'attendaient. Pour une fois, ils étaient en avance. J'étais allée faire un p'tit pipi, et la manipulatrice est venue me cueillir devant les toilettes. La honte, quoi.

Heureusement, je me confonds en excuses et elle le prend super bien. On se marre bien au final. Quand tu as un cancer, les gens ne t'en veulent pas longtemps. (Quoi, toi aussi tu en profiterais à ma place !)

Puis, la radiologue vient m'annoncer qu'elle n'a rien trouvé à mon IRM. J'ai envie de lui dire : « Même pas un petit cerveau ? Un de blonde, ça ira, hein, c'est ce que je suis à la base, je ne le prendrais pas mal. » Non. **RIEN.** Et que je dois me rassurer. Donc, en fait, pour elle, mieux vaut ne pas avoir de cerveau qu'un de blonde ? (Comment ça, je fais des raccourcis ? Et là, tu découvres que je cumule : blonde et cancéreuse… pas aidée la fille. Et tu me prends en pitié, normalement.)

Profitant d'une pause en milieu de journée, j'ai pu papoter avec **RENÉE**, l'amie de mes parents dont je te parlais il y a quelques pages (si tu ne fais pas juste semblant de me lire). Rappelle-toi, elle ne s'est pas laissé emmerder par son cancer. Elle est venue passer tout le vendredi avec ma petite maman et moi. Elle est en fin de chimio, je prends la relève ! S'agirait pas de faiblir, hein. Et elle m'a offert un carnet (ligné, je lui ai dit qu'elle avait assuré parce que je ne sais pas écrire droit sans lignes) où je vais pouvoir coucher tout un tas de conneries quand je serais en cure de chimio ! Elle est ***AU TOP***, Renée (sauf quand elle dit que je la gave, mais je lui réponds gentiment qu'elle me saoule tout autant, c'est notre langage pour nous dire qu'on s'aime, on accompagne la parole de quelques gestes du même genre, on s'aime je te dis).

Voilà, ça, c'était un vendredi pourri type. Faut s'attendre à en avoir beaucoup, des journées comme ça. Mais j'ai des journées plus reloues encore qui arrivent, sauf que je ne suis **PAS TOUTE SEULE**, j'ai ma petite maman, ma petite famille, mes amies (oui je fais un discours de remerciements comme si j'étais aux Oscars, et alors ?) ; bref, je suis hyper bien entourée donc je crains rien. Je m'attendais à en baver avec les effets secondaires, mais je ne me prends pas la tête, j'aviserais le moment venu. **M'ANGOISSER** pour des trucs contre lesquels je ne peux rien, ce n'est plus mon genre. Ce bâtard d'Albert aura au moins apporté ça dans ses bagages. D'ailleurs, je lui ai dit de pas défaire ses valises, ce serait con, parce qu'il va devoir dégager rapido…

Mais souviens-toi, que tu sois en train d'héberger un Albert ou que tu connaisses quelqu'un pour qui c'est le cas, **LA SOLITUDE C'EST NUL.**

Entoure-toi et sois disponible pour les gens que tu aimes. C'est vraiment le plus important ! Ou comme diraient les quatre drogués, là…

all you need is LOVE

CHAPITRE 15

LE JOUR OÙ JE ME SUIS PRISE POUR SUPER JAIMIE

Voici le moment de te parler du jour où on m'a posé mon **DVI**[2].

Tu connais la série des seventies *Super Jaimie* ? C'est le pendant féminin de l'autre série *L'homme qui valait trois milliards*. En gros, on leur a implanté des trucs modernes qui en font des humains-machines super fortiches ! Eh bien moi aussi on m'a implanté un truc ***BIONIQUE***. En titane et tout… Ça te la coupe, avoue ?

Bon, OK, c'est pas bionique mais c'est quand même un petit appareil de ouf malade qui a partagé ma vie jusqu'à la fin du traitement. On appelle ça un DVI, dans le jargon. Ou un port-à-cath. En bref, c'est un bidule sous la peau et on pique là-dedans pour éviter que les produits de la chimio réduisent les veines en bouillie. C'est pas beau, la science ?

Après deux semaines à ne pas pouvoir dormir du côté de mon DVI, lui et moi on était devenus bien ***POTES***. Et j'avoue que c'est quand même le pied de ne pas avoir à se faire piquer la veine à chaque fois. Ce qui

2 Dispositif veineux implanté. M'en demande pas plus.

n'empêchait pas qu'on me fasse des prises de sang traditionnelles, mais bon, on va dire que c'est déjà ça.

La cicatrice suit la bretelle du débardeur, ça gère à ce niveau. En même temps, le chir qui m'a posé le DVI est chirurgien esthétique à la base, donc tu penses bien que la cicatrice n'est pas disgracieuse. On voit qu'il connaît son boulot.

Le DVI, c'est un peu ton petit animal de compagnie qui t'aime tellement qu'il est sous-cutané. Oui, il faut trouver du positif dans tout. Par exemple, avec ça tu peux faire peur aux enfants en appuyant un peu ta peau dessus,

ON VOIT TOUT LE CONTOUR, C'EST DÉGUEU.

Ne me remercie pas pour l'astuce, mes amis me surnomment Huggy. (Huggy-les-bons-tuyaux, non ? Mais si, l'informateur dans *Starsky et Hutch* !… Sinon tu demandes à Google. C'est faux, mes amis ne me surnomment absolument pas comme ça. Mais maintenant que c'est imprimé, ils ne peuvent pas protester.)

CHAPITRE 16

LE JOUR OÙ J'AI PRIS CHER (OU COMMENT LA PREMIÈRE CURE A EU MA PEAU)

Et maintenant il faut que je te parle de ma première *after-chimio party* ! Oui, c'est festif ici, je suis ce genre de boute-en-train ! Mais avant, retour sur la semaine de l'angoisse :

J1 ➡ Injection des deux produits qui sont au programme du protocole en plus de l'Herceptin (dont je ne parlerai pas vraiment car c'est un produit sans effets secondaires, *a priori*) : **CARBO & TAXO**, de leurs petits noms respectifs. Je rentre chez moi :

J'AI UNE PATATE D'ENFER…

Je fais mon repassage, mon ménage, je prépare mes affaires pour le long week-end que je m'apprête à passer chez mes parents. Bref : **LA VIE EST BELLE.**

J'EMMERDE LA CHIMIO ET ALBERT, JE SUIS UNE WARRIOR.

12 ➡ La pêche (melba) est toujours au menu, alors hop, on va faire du shopping avec ma mère (et je craque pas mal mon slip au passage mais merde, on n'a qu'une vie). Fin de journée : un peu fatiguée, mais qui ne le serait pas après une matinée de shopping, un sac, quatre robes et des cosmétiques plus tard ?

J'EMMERDE TOUJOURS ALBERT ET LA CHIMIO, JE SUIS UNE PUTAIN DE WARRIOR.

13 ➡ Un peu plus fatiguée mais ça va, l'infirmier me regarde d'un drôle d'œil (genre il s'attend à ce que je me pâme à ses pieds et à devoir me faire une réa d'urgence, il trouve ça ***LOUCHE*** que je me porte comme un charme. Attends, Gary, tu vas pas être déçu). J'ai ma seconde injection postchimio pour que mes globules ne se fassent pas la malle dans les tréfonds abyssaux de mon système immunitaire (les rouges et les blancs, sinon c'est pas drôle).

Au passage, mon fils tombe sous le charme de l'infirmier, décrété « trop cool » avec ses tatouages et ses piercings. Il est cool l'infirmier, c'est vrai ; surtout, ses piqûres ne me font pas mal et c'est ça le plus important.

J'EMMERDE ENCORE ALBERT ET LA CHIMIO, JE SUIS UNE WARRIOR MYTHIQUE.

J4 ➨ Dernière injection postchimio, je commence à accuser la fatigue. Milieu d'après-midi, on s'esquive en famille pour rentrer chez nous. Arrivés à bon port (non, « bon port » n'est pas le nom de la ville où nous vivons), c'est le drame. Je m'écroule comme une merde. Littéralement. Je suis **ÉPUISÉE**.

ALBERT ET LA CHIMIO
CONTRE-ATTAQUENT,
LA WARRIOR EST À TERRE.

J5 ➨ On démarre les ***HOSTILITÉS*** avec des effets secondaires, que j'ai quand même bien envie de qualifier de primaires en ce qui me concerne, tellement ils sont intenses. Je ne vais pas te détailler par le menu chaque effet, mais en gros, j'en chie et c'est pas une figure de style (je t'avais dit qu'on partagerait tout, toi et moi). On est mardi, je vais être dans un état larvaire jusqu'au vendredi matin où, alerté par mon état, mon généraliste me fait mettre sous perfusion à domicile pour me réhydrater et me faire assimiler les médocs que je ne peux pas prendre par voie orale.

Je ne peux ni boire, ni manger. Ni parler. À peine gémir de douleur pliée en deux sur mon lit.

JE SUIS OFFICIELLEMENT VAINCUE,
EN MODE KO COSMIQUE.
LA CHIMIO ET ALBERT ME FILENT
DES COUPS DE PIED ALORS QUE JE SUIS DÉJÀ
EN ÉTAT LARVAIRE, LES ENFOIRÉS.

PENDANT MA LONGUE DESCENTE EN ENFER, IL SE PASSE ÇA :

- DH doit me **LAVER** sur mon lit avec un gant, pour éviter que les services sanitaires débarquent, alertés par l'odeur douteuse de mon corps en prédécomposition.
- DH doit me **NOURRIR** à la béquée comme un bébé, parce que je n'ai pas la force de tenir la cuillère.
- Mon fils me trouve par terre dans la salle de bains parce que je n'ai **PAS L'ÉNERGIE DE ME RELEVER** après m'être vidée de mes entrailles (t'étais à table ? ben maintenant tu le sauras : ne me lis pas aux heures des repas).
- DH me ramasse sur le sol de la salle de bains (il n'est pas salaud, tu remarques, parce qu'il aurait pu me laisser là et aller faire sa vie ; après tout je ne demandais rien, puisque je pouvais à peine parler) et je ne peux plus **FAIRE UN PAS SANS SON AIDE** pendant des jours et des jours (DH, béquille à ses heures perdues).
- J'ai mal, très mal, vraiment **TRÈS MAL** car mon système digestif s'est mis en mode fiesta-freestyle-je-fais-ce-que-je-veux-avec-mes-cheveux. Et c'est un mode assez difficile à suivre, je t'assure.
- Je dois fournir un effort digne d'un marathon pour réussir à me rouler du côté droit sur le côté gauche lorsque je suis allongée dans mon lit, et m'éviter des escarres. Ça te donne une idée du degré de gravité de mon état, je pense. (Même si je n'ai jamais couru de marathon et que du coup, je *suppose* que ça me mettrait dans cet état…)

Alors non :

La chimio

ce n'est pas

UNE PARTIE DE CRICKET

sur un gazon fraîchement tondu !

Pas pour moi. Si ça l'est pour toi, franchement tant mieux, c'est le pire que je te souhaite (si tu dois en avoir, bien sûr, sinon je ne te souhaite pas de chimio du tout, je ne suis pas une putasserie).

DE CETTE PÉRIODE, JE RETIENS ÇA :

- **LES PROCHES QUI S'INQUIÈTENT** (et qui ne sont pas toujours les « proches » auxquels on pense, d'ailleurs). On n'a pas envie qu'ils s'inquiètent mais ils le font quand même et, l'air de rien, on se sent aimé, même quand on n'est pas assez alerte pour le réaliser. Forts moments d'émotions. D'autant que je suis aussi en période hormonale sensible, je pleure pour un rien (tu me dis bonjour, je pleure, par exemple).
- **MON FILS QUI ENCAISSE COMME UN CHEF.** On ne lui cache rien, il comprend qu'on ne lui ment pas, et il continue sa petite vie. Bravo Élanor, tu gères la fougère.
- **DH**, juste DH quoi.
- Les nombreux messages postés sur Facebook que je découvre petit à petit en rattrapant mon retard. Les gens, parfois des inconnus, beaucoup de lectrices, pensent à moi quand je suis au fond du trou. Merci. (J'ai pleuré, encore, mais là c'était justifié, je t'assure, parce que recevoir des messages privés d'inconnus qui t'offrent leur **SOUTIEN**, merde quoi… grosses émotions dans mon corps de déesse.)
- Les infirmières libérales de Grasse (c'est là que je vis, suis un peu, tu abuses à jamais suivre ! Et non, « bon port », je t'ai déjà dit, ce n'est pas le nom de la ville où je vis) et mon généraliste, tous très **À L'ÉCOUTE** et qui m'entourent au point que rien que de me savoir entre leurs mains, je me sens déjà mieux.
- On minimise trop **LE POUVOIR D'UNE DOUCHE**, une vraie (surtout pour l'entourage, mais quand tu en arrives au point où toi-même tu ne peux plus te sentir, c'est un signe). Même une douche en mode pub Tahiti, j'apprécierais (oui, à poil dans la rue, soyons fous ! De toute façon, je suis tellement à l'ouest que je m'en foutrais comme de ma première Pampers).

- Je sens qu'Albert est déjà **PLUS PETIT**, si, c'est vrai. Je prends cher, mais lui aussi. Avant, je touchais Dumber et j'avais Albert qui frétillait sous mes doigts. Maintenant je le cherche un peu. Soit mon nichon a pris 10 kg au point d'enfouir Albert sous un tas de gras, mais j'en ai pas l'impression. Soit il a effectivement commencé à « fondre », comme on dit dans le jargon (toi aussi apprends des mots de cancérologue). D'ailleurs, Mister T. m'avait dit qu'il espérait bien qu'Albert Ier, Albert II et Albert III se seraient fait totalement la malle après la deuxième cure.

Une semaine et 4 jours après la première cure, je suis encore en mode torchon-chiffon-carpette. Je suis très fatiguée, mais je reprends doucement des activités normales. Juste, je ne descends pas mes escaliers (j'ai peur de ne pas réussir à les remonter, et si en plus de toute cette merde je croise ma voisine du dessus, je crois que je craque pour de bon), donc je ne sors pas de chez moi. Mais comme quand je vais à la salle de bains, j'ai l'impression d'avoir fait 10 km, je n'ai pas vraiment besoin de sortir. Je sens quand même une sorte de fatigue chronique de mon cul (oui, j'ai le cul fatigué, et alors ?) qui s'installe.

TIRONS LE POSITIF DE LA SITUATION :

- Je dois me reposer. J'ai une bonne excuse pour me la couler douce. J'en profite, par exemple, pour me refaire pour la 45 398e fois la version BBC de *Pride & Prejudice*.
- J'ai rencontré trois infirmières libérales au top, de belles rencontres, vraiment. Elles m'ont toutes donné d'excellents conseils.
- J'ai eu des sorbets citron/mangue/melon offerts de la part d'amis italiens spécialistes des glaces artisanales et franchement, ça c'est le pied. Quand tu dis à DH innocemment : « Je rêve d'un sorbet à la mangue des Pingouins » et qu'il te dégaine le bac du congélo, moi je dis que c'est quand même incroyable… Merci !

- Dès que j'ai eu un peu de forces, j'ai fait une ou deux petites commandes « plaisirs futiles et inutiles » (les meilleurs), parce que la shopping-thérapie, c'est permis !
- J'ai eu deux colis de soutien, alors merci à mes amis pour leur ravitaillement en Mellow Cakes version irlandaise !

Tu dors ? Non ? Tu devrais, avec le pavé que je viens de te pondre, franchement… Si t'es arrivée jusqu'au bout, t'as le droit de crier

CHAPITRE 17

LE JOUR OÙ LES BEAUX GOSSES ONT DÉFILÉ

Il faut que je te parle de cette mémorable journée de la deuxième cure : celle où j'ai vu une brochette de beaux gosses.

Déjà, on attaque avec le rendez-vous cancéro juste avant la cure. Mister T. étant absent, je vois son remplaçant. ***BEAU GOSSE N° 1.*** Tout jeunot, je me demande à un moment s'il a vraiment ses diplômes. Et puis bon, je me rappelle que moi-même je ne fais pas mon âge (non, je ne fais pas mes 28 ans. Oui, moi aussi j'ai arrêté de compter à 28) et je lui laisse le bénéfice du doute.

Ma mère se joint à moi pour dire que oui, vraiment charmant ce médecin. Donc forcément, quand tu lui parles de tes effets secondaires glamours à souhait et de ton souci digestif en particulier, ça casse tout de suite l'ambiance. Mais bon, ma bonne dame, **ON EST LÀ POUR LA SCIENCE**. Avant de sortir, je lui signale quand même que je ne sens plus la tumeur. Donc il se sent obligé de vérifier. Ben, quoi ? Il y a des tas de vieux moches qui tripotent mes nichons depuis que j'ai un cancer, pour une fois que c'est un jeune appétissant, je ne vais pas le laisser s'en tirer à si bon compte !

Je m'installe sur la table d'examen et je lui demande, en toute innocence, hein… :

JE M'ALLONGE ?

NON, ON VA FAIRE ÇA ASSIS.

Grand fou ! Je te précise que ma mère est à côté, va pas t'imaginer que le cancéro et moi on s'est vraiment envoyés en l'air (mais non, DH, je ne t'aurais jamais fait ça !). Calmez-vous, foule en délire, je ne suis pas adultère !

Sur ce, nous voilà parties pour la cure. Je me retrouve dans un coin du service où je ne suis pas encore allée et où officie le seul infirmier mâle. ***BEAU GOSSE N° 2.*** Ah ah ah ! Enfin il y a une justice en ce bas monde ! Charmant comme tout et avec beaucoup d'humour. Du coup je fais des blagues douteuses. Jusqu'au moment où on parle des effets secondaires de la chimio et où il me sort : « Du moment que ça ne fait pas pousser un membre supplémentaire… » Tu penses bien que mon esprit tordu et moi pensons tout de suite à **CE MEMBRE** en particulier. Dis-toi bien qu'il me faut toute la volonté du monde pour ne pas répliquer ce qui me passe par la tête et avoir l'air pas sortable du tout… Ma mère m'en est témoin, il m'est très difficile de m'autocensurer. Mais j'y parviens.

Après l'infirmier, que je compare à Passe-Partout (il m'a dégainé son trousseau avec deux clefs dessus, je me suis gaussée), la journée des

Rangez vos

A

ROUGES !

Je suis fidèle !

beaux gosses se termine… pour reprendre le lendemain ! Et cette fois, ce n'est pas moi qui le dis, c'est mon fils. Eh oui, l'infirmier qui vient me faire les injections postchimio, il le trouve **MÉGA COOL**, souviens-toi… Mais en tout bien tout honneur, hein, il est marié, papa et doit avoir vingt ans de plus que lui minimum ! N'empêche, j'ai une idée du genre de filles qu'il faudra tenir éloignées de la maison quand il sera ado : grande, en forme, tatouée et percée de partout… (Du calme, DH, tu l'as rencontré, tu sais bien que c'est un crush de gamin, pas la peine de dégainer la carabine que tu ne possèdes de toute façon pas.)

Quant à moi, je ne vais pas te mentir, le capital « glamour » était au plus bas avec cette foutue chimio. Mais je me consolais comme je peux, tu remarques…

La bonne nouvelle, c'est que j'ai mieux vécu la deuxième cure car le cancéro a baissé les doses, et qu'**ALBERT N'Y A PAS SURVÉCU !** J'ai été mieux armée pour la troisième aussi, j'ai eu des médocs à prendre en préventif, j'ai été hyperfatiguée pendant quelques jours (ça commence le quatrième jour environ après la chimio), mais rien à voir avec la première cure où j'ai rendu visite à Satan qui se faisait une belote avec Lucifer…

Oui, une fatigue chronique de mon cul (toujours) s'installe, mais comme je suis hyper bien entourée, je gère la fougère. D'autant que le protocole fait le job, je répète : Albert n'a pas survécu à la deuxième cure ! À ce moment-là, on continue pour être sûrs, mais c'est officiel, Dumber est libéré. **CHEERS.** Enfin, je prévoie de faire la fête une fois que j'aurai retrouvé la santé et figure humaine ! C'est ça qui motive à tenir le coup, un peu comme les prisonniers qui gravent des petits traits sur les murs de leur cellule. Sauf que nous, on est modernes, et on peut barrer des jours sur un calendrier. Toujours regarder l'horizon et la ligne d'arrivée, c'est ce qui te permet d'avancer. Ne pas se dire « encore X cures », mais : « J'ai déjà fait X cures ».

CHAPITRE 18

LE JOUR OÙ ÇA S'EST VU ET OÙ J'AI CHANGÉ D'AVIS

Le cancer est une maladie vicieuse. J'en parlais l'autre jour avec mon amie Jacinthe, diabétique, qui pense la même chose de sa maladie. Oui, nous nous regroupons entre boiteuses de la vie…

Comme je joue cartes sur table avec toi, je ne vais pas que te raconter le côté « je suis une battante », non. Tu vas aussi avoir droit au récit de mes **BAS**. Et je ne parle pas de collants, hein. ***UN CREUX DE VAGUE,*** comme on dit chez moi. Et dis-toi que je suis nulle en surf, pour te situer. En voici un :

Trois semaines après la deuxième cure, c'est le moment où je réalise que je suis malade. Oui, je sais, tu me diras : « Il était temps. » C'est à cause de ces bâtards de cheveux. J'ai tout rasé quand ils ont commencé à tomber par petites poignées. Je suis alors comme Sinéad O'Connor, sauf que j'ai pas son petit visage mignontounet (ni sa voix). Non, moi j'ai juste ma tête à moi, comme le dit si bien DH :

TES CHEVEUX LÀ OU PAS,
TA TÊTE C'EST TA TÊTE.

C'est vrai que quand tu es dans la situation qui était la mienne (cancer pas métastasé, pris à temps, tumeur déjà dégagée après deux cures…), en dehors de la semaine postchimio où tu as autant d'énergie qu'une palourde sous anesthésie générale, le seul signe externe de ta maladie, c'est ton look boule de bowling.

Alors, comme il ne faut jamais dire « jamais »… Je me suis payé des cheveux. Enfin, la sécu et la mutuelle m'ont payé presque tous mes nouveaux cheveux. Je sais, j'avais dit que ça ne me tentait pas plus que ça d'avoir une **PERRUQUE**. Eh bien, j'ai changé d'avis. Parce que je peux te dire qu'à chaque fois que je croisais mon reflet dans un miroir, c'était la déprime assurée.

J'ai pris une coupe/couleur proche de ce que j'avais avant de tout raser. Ben ma vieille :

ÇA M'A CHANGÉ LA VIE !

Je l'ai carrément supportée. Ça ne gratte pas, ça ne serre pas, ça tient en place nickel et, sérieusement, ça m'a permis de revivre.

C'est quand même con que ce qui me pose le plus de souci, dans cette histoire, c'est quelques poils de tête. Mais c'est comme ça : quand ton corps est aussi mou qu'un vieux chewing-gum sur l'asphalte par 40 °C à l'ombre, **L'IMAGE DE SOI, C'EST CAPITAL.** Moi, ça m'a tout de suite reboosté le moral ! Il n'était pas non plus dans les profondeurs des entrailles de la Terre, mais de temps en temps, je pestais.

Je me sentais malade, je me voyais malade, je n'avais pas tellement envie de parler de tout ça. Mais là, il fallait que je fasse mon « coming out » capillaire, toi-même tu sais.

Voilà mon petit, comme on dit souvent, il n'y a que quand on se retrouve dans une situation qu'on sait quoi faire. Anticiper ne sert à rien, c'est comme quand tu es enceinte et que tu prévois des couches lavables,

tout un tas de bouquins sur le maternage, etc. Et quand tu accouches, tu as un putain d'abcès au nichon, doublé d'une dépression post-partum : tes couches bio, tu les revends vite fait sur eBay, et tes grands principes sur l'allaitement, tu te les mets où je pense et fissa, *please*. La vie, c'est ça : elle nous demande d'être de vrais caméléons et de **NOUS ADAPTER AU COUP PAR COUP**. Tu peux dire : « Ah ! moi, si j'étais dans cette situation, je ferais ceci ou cela », mais en fait, on en reparlera si tu te retrouves vraiment dans la situation.

Ceci dit, j'ai un stock impressionnant de foulards, heureusement qu'on peut aussi les porter autour du cou. Vive l'hiver, j'ai envie de te dire. Et pas que pour ça, hein… Parce que l'hiver me rappelle aussi la libération postchimio.

CHAPITRE 19

LE JOUR DE LA GRÈVE, OU MA TROISIÈME CURE

Un mois et demi après le début des traitements, on m'a annoncé que ma troisième cure était reportée d'une semaine. Mes dernières analyses montraient que mes plaquettes et mes globules rouges avaient monté une mutinerie dans mon hémoglobine et s'étaient tous barrés picoler à Saint-Tropez.

Ce jour-là, Mister T. me dit : « Vous êtes bien pâle. » Et moi de lui répondre, comme je le fais inlassablement toute l'année : « Non, c'est mon teint naturel. » Parce que j'ai toujours vécu dans le Sud et qu'en 28 ans sur la Côte d'Azur, **JE N'AI JAMAIS BRONZÉ**. Je suis plutôt blafarde (non, je n'ai pas 28 ans, mais j'ai un peu bourlingué) : j'ai une peau de rousse, mais sans la magnifique crinière qui va avec. Donc le soleil, je le fuis, comme un vampire qui risquerait de déclencher une fête disco à l'insu de son plein gré au milieu de la rue (mais si : Edward Cullen ? Vampire qui brille au soleil ? Twilight, non ? Tu crains).

Le lendemain de ce rendez-vous, je reviens voir mon cancéro pour récupérer des ordonnances concernant mes plaquettes, et là, c'est blindé devant le secrétariat. Il a déjà plus d'une heure de retard. Bref, je sens que ça va être le périple, surtout que je n'ai pas de rendez-vous. Je suis là en squatteuse. Tu sais, celle que tout le monde regarde d'un œil mauvais chez le dentiste car elle passe en urgence devant les autres, alors qu'ils sont là depuis l'ouverture ? Ouais. Ben je n'aime pas être celle-là…

Mister T. sort de son cabinet. Il me voit appuyée contre le mur, me lance un regard à dégrafer mon soutif (heureusement j'avais un bandeau, vachement plus confort l'été) et me dit :

VOUS AVEZ BESOIN DE QUELQUE CHOSE ?

J'ai failli répondre : « Oh oui, grand fou, allons dans ton bureau, ou plutôt *sur* ton bureau ! » (Pour ma défense, j'écris une scène *hot* dans une de mes romances, en ce moment – comme si j'avais besoin d'une excuse pour raconter des conneries…) Mais je me rappelle que mon fils et mon mari m'attendent à quelques mètres. (Et puis je t'ai déjà dit que je ne suis pas adultère. Par contre je mate, oui. Et si ça peut te rassurer, DH aussi a le droit de mater et commenter tant qu'il veut, mais ce n'est pas de ma faute s'il n'a d'yeux que pour moi…)

Mister T. me fait donc passer devant tout le monde et entrer dans son bureau. Il rédige mes ordonnances, me demande comment ça va depuis la veille, me lance à nouveau son sourire qui redégrafe mon soutien-gorge qui n'a pas d'agrafe (donc tu imagines le niveau…). Puis il m'accompagne jusqu'au secrétariat pour fixer mes nouveaux rendez-vous. Et là, c'est **DOCTEUR JEKYLL ET MISTER HYDE**. Il se tourne vers une dame d'un certain âge qui attend depuis une bonne heure (et avec qui j'ai sympathisé, en plus. Parce que, oui, je croise surtout des personnes âgées et, du coup, elles se prennent toutes d'affection pour moi), et lui dit : « Allez, Madame Machin ! On y va ! On n'a pas que ça à faire ! », en tapant dans les mains, sans un sourire, avant de rentrer dans son bureau sans l'attendre. Je reste bouche bée (non pas parce que je mate son cul – il porte une blouse, tu penses bien que sinon oui, j'aurais maté) : Mister T. est vraiment un enfoiré avec les autres, comme on me l'avait dit. Deux possibilités :

PETIT A : il aime la jeunesse et a envie de me prendre sous son aile (à défaut de me prendre tout court… Oh là, je sens que j'ai passé les bornes du politiquement correct !...) Mais ça ne colle pas parce qu'Alexandra, qui a à peine deux ans de plus que moi, m'avait prévenue qu'il était aussi aimable qu'un gars qui vient de s'exploser le pouce avec un marteau (en plantant un clou – faut tout te dire).

PETIT B : il me drague, l'air de rien. Aucun commentaire : tant qu'il ne dépasse pas certaines limites, ça ne nous dérange pas DH et moi. (Hein, ça ne nous dérange pas, DH ? Mais non, toi-même tu aimes que d'autres hommes t'envient ta bombasse d'épouse).

Côté infos importantes : la grève des plaquettes et globules rouges n'a duré qu'une semaine, après des négociations acharnées avec le syndicat de mon système immunitaire, tout le monde est revenu faire son job à temps pour la chimio. Non, mais oh ! C'est quoi ce pays où on peut faire grève ? Au boulot, les feignasses !

Je m'apprêtais donc à entamer ma **TROISIÈME CURE**, c'est long, c'est chiant, mais ce serait fait. Et donc à avoir une semaine difficile. Heureusement, avec tous les médocs que j'ai pour limiter au max les effets secondaires, ça devait le faire. Au programme : mater des séries, des films, lire, glander au max ! Et cette fois je peux le dire, tel William Wallace sur la croix de torture :

(J'utilise très souvent l'image de Braveheart et à toutes les sauces. Certaines connaissent mon penchant maladif pour les premières guerres d'indépendance d'Écosse, une façon guindée de dire que je kiffe les mecs en kilt.)

CHAPITRE 20

LE JOUR OÙ TU DÉCOUVRES UNE SEMAINE POSTCHIMIO AVEC MOI

Une semaine postchimio, ça peut ressembler à ça, si on prend celle qui a suivi ma troisième cure (la pire des trois) :

INJECTION LE VENDREDI MATIN

Contrairement à la première fois où je me suis enflammée du bulbe et où je me trouvais en forme, après la troisième cure, **JE ME REPOSE**, quoiqu'il arrive. Mais repos sympatoche, où je peux quand même rester assise dans le lit ou sur ma chaise longue, avec mon ordi, papoter, tout ça.

MARDI

La **FATIGUE** me tombe dessus comme la massue de Laura sur Nicky Larson…

2 heures du matin, je me lève complètement stone avec un mal de bide tellement intense que je finis par **TOMBER DANS LES POMMES**. Pas le petit malaise élégant où tu défailles dans les bras d'un beau

gosse, non. Plutôt le genre où tu tombes en avant, la tête la première, sans avoir le réflexe de mettre les mains parce que tu es déjà ailleurs, et où tu t'éclates les lèvres/les dents/la tête. Oui, ça c'est plus proche de la réalité.

Heureusement, mon paternel me découvre par terre quand je reviens à moi. Je n'ai même pas pensé à allumer la lumière en allant à la salle de bains, j'aurais pu rester là jusqu'au matin, mais il paraît que le bruit de ma chute a été spectaculaire. Y en a au moins un qui a une ouïe pas trop pourrie dans le coin… (Ce qui devrait faire marrer mes proches qui savent que mon père est sourd comme un pot ! Et ça en dit long sur le reste de la famille…)

Les pompiers débarquent vers 4 heures, je n'ai absolument pas la tête à mater, mais je peux quand même dire que celui qui a l'air d'être en charge de l'équipe est tout à fait « graou »… (Je suis agonisante mais pas aveugle, diantre). Mais vu qu'on parle de mes problèmes digestifs, encore une fois, mon capital glamour est en négatif.

JE ME VENGERAI UN JOUR, ALBERT, TU ENTENDS ?

Ensuite, je passe un peu plus de 24 heures à l'hôpital avec une perf et des calmants. Là, au cours de ma première nuit entière sur place, une dame d'environ 70 ans est installée dans le lit à côté du mien, et elle s'appelle… **MADAME SOLEIL**. Sérieux, ça ne s'invente pas. Et je résiste, oui, je résiste : je n'ai fait aucune blague vaseuse. Par contre, les infirmières n'ont pas ma force de caractère. Ce qui m'a étonnée, c'est que tout le monde fait des blagues sur le temps, mais aucune sur la voyante… Bizarre, non ?

Je me retrouve donc avec la bouche d'Angelina Jolie, sans passer par la case chirurgie esthétique. Sauf que vu comme je douille, il n'était pas question de m'en servir de façon crapuleuse… (tu ne voulais pas en savoir autant ? Allez, arrête de faire ta prude, tu te doutes quand même bien que la semaine qui suit la chimio, je ne suis pas opé de toute façon !)

JEUDI ⚡ VENDREDI ⚡ SAMEDI

Je végète, j'ai à peine la force de me lever.

DIMANCHE

Enfin, je peux commencer à manger « normalement ».

LUNDI

Je peux me lever et m'installer sur ma chaise longue au salon, au grand bonheur de mes parents. Mes commentaires éclairés sur ce qu'ils regardent à la télé leur avaient bien manqué (mais si).

Alors tu vois, la chimio, si c'était aussi doux qu'un cupcake, ça se saurait ! Ce qui m'a bien pété les ovaires, c'est que la deuxième cure est presque passée comme une lettre à la Poste (ce qui, en fait, n'est pas très positif si on regarde bien, parce que la Poste n'est plus ce qu'elle était, et il faudrait vraiment trouver une nouvelle expression). J'ai même eu l'impression que les doses ont été remontées, mais non, après vérification, ce n'est pas le cas.

L'étape suivante : la mammo et l'échographie pour vérifier où en est Albert. À la palpation, il n'est plus là mais bon, il faut voir ce qu'il en est vraiment. Quoi qu'il en soit, j'avais prévu de m'enchaîner au bureau du cancéro au rendez-vous suivant, avant la quatrième cure, non pas pour jouer à Fifty Shades of Mister T., mais pour qu'il fasse en sorte que je ne sois pas bonne pour la casse après la prochaine cure, **FUCK !** Je ne ressors pas de son bureau sans une solution. Et ce n'est pas tout :

JE VEUX
des
CHEVEUX

Tu vois, à ce moment-là je sature, j'ai déjà fait la moitié du traitement, mais j'aimerais faire un bond de plusieurs mois et être vraiment débarrassée de la chimio qui est, comme on dit dans le jargon **« A PAIN IN THE ASS »**.

Tu vois, y a des moments de « fond-du-trou », où malgré les pompiers musclés, malgré Madame Soleil, malgré le soutien de tes proches et de la Terre entière, tu perds de vue que tu t'achemines **VERS LA GUÉRISON** et que ça ira mieux ensuite. Parce qu'en fait, c'est pas parce que t'as la boule à zéro que t'es Bouddha. Pour tenir, dis-toi que ça te fera des anecdotes gênantes à raconter à la prochaine fête des voisins, et que tu ne seras plus obligée d'arroser leur ficus tout l'été parce qu'ils t'éviteront après tes délicieux récits.

CHAPITRE 21

LE JOUR OÙ ALBERT NOUS A QUITTÉS

Tel le phénix renaissant de ses cendres, j'ai non seulement survécu à cette troisième cure, mais j'ai réussi haut la main mes examens qui ont suivi ! C'est la confirmation définitive que **JE N'AI PLUS DE TUMEUR**, plus aucune trace à la mammo (mais ça, à mon jeune âge, ce n'est pas vraiment fiable), ni à l'écho (voilà qui est plus parlant) et encore moins à la palpation (oui, moins que « plus aucune trace », c'est possible dans mon monde).

Donc, la veille de la quatrième cure, me voilà partie pour mon rendez-vous avec Mister T. Il me demande comment s'est passée ma dernière cure :

OH BEN, ÉCOUTE, J'AI ÉTÉ MALADE COMME UN CHIEN, J'AI FAIT UN MALAISE AVEC PERTE DE CONNAISSANCE AU MILIEU DE LA NUIT, JE ME SUIS PÉTÉ LA TRONCHE, LES DENTS ET LES LÈVRES SUR LE REBORD DE LA DOUCHE, J'AI ÉTÉ HOSPITALISÉE POUR DÉSHYDRATATION, LA ROUTINE.

(Je lui raconte ça comme je te le dis, plus d'impact.) Alors là, mon cancéro préféré me lance son fameux regard à dégrafer mon soutif… attends, non, je m'égare, d'abord il consulte son ordinateur, l'air préoccupé. Il me demande si je suis quand même contente du résultat parce que bon, la tumeur a disparu. « Oui, oui, que je lui dis, mais trois cures supplémentaires comme ça, ça ne va pas être possible, mon grand », que je rajoute (sans « mon grand », parce que j'essaie de le rallier à ma cause, là).

C'est vrai que je ne souris pas vraiment, je veux marquer le coup, tu vois (finalement, j'ai renoncé à m'enchaîner à son bureau jusqu'à ce qu'il baisse les doses). Je sais bien que ce n'est pas de sa faute, mais s'il décide de ne rien changer, là, je pourrais me mettre très très très en colère. Heureusement, Mister T. m'adorant, il décide de **CHANGER CARRÉMENT TOUT LE PROTOCOLE**. On passe donc à un produit plus léger, sans ce genre d'effets indésirables de ouf malade. Par contre, c'est une fois par semaine pour l'injection. On part sur 3 semaines et on avisera ensuite si on poursuit ou pas. Et oui, il a dit : « Ce ne sera peut-être pas la peine d'aller au bout, mais maintenant qu'on tient bien la maladie, faudrait pas déconner » (on parle assez librement Mister T. et moi : il dit « déconner » et moi je dis « merde », et on se comprend – une sorte d'osmose médicolinguistique entre lui et moi).

Il appelle donc le cancéro qui gère la chimio (ce serait trop simple si tout était géré par la même personne, tu penses) et dit que comme je suis « en réponse totale » (toi aussi, apprends une nouvelle expression cancérologique), on peut adapter le traitement. Je suis ***JOIE***. Enfin, pas trop quand même, j'attends de voir si c'est vraiment moins *hard* avant de lui offrir une danse de la joie (une danse de la joie, j'ai dit, pas une *lap-dance*). Mais *a priori*, les cures suivantes devraient être beaucoup plus *soft*. En plus, Mister T. m'a bien confirmé que l'Herceptin (le médicament magique auquel je suis très réceptive et qui m'a sauvé le nichon droit) réduisait considérablement les risques de récidive… Je vais **ÊTRE SURVEILLÉE DE TRÈS PRÈS PENDANT DIX ANS** de toute façon, mais c'est quand même :

OVER positif !

Une minute de silence pour Albert, qui est retourné au centre d'entraînement des nodules cancéreux, la queue entre les jambes. J'ai fait en sorte qu'il ne puisse plus emmerder personne. Faut pas hésiter à marquer le coup avec un petit cérémoniel festif à caractère éthylique (un apéro, si tu veux), précédé d'un discours émouvant :

CRÈVE EN PAIX, ALBERT,
ET OUBLIE-NOUS.

Si tu regardes bien, ton chemin de croix est jonché de minivictoires, ce serait dommage de se priver de les célébrer. D'autant qu'il faut emmagasiner du courage pour l'étape qui vient après les cures : **LA CHIRURGIE...**

CHAPITRE 22

LE JOUR OÙ J'AI BEAUCOUP DORMI

Arrive novembre, on en a donc terminé avec les cures de chimio, et tout ce qu'on pouvait faire en amont. Il est temps de **CHARCUTER MON SEIN DROIT** et de vérifier qu'Albert n'ait pas laissé traîner des emballages de pizzas ou des chaussettes sales lors de son squat estival !

J'aime autant te dire que, malgré la joie d'en être débarrassée, cette étape de l'opération, je ne l'attends pas avec impatience, hein. Déjà, qui aime les cliniques et les hôpitaux ? Personne. Alors savoir que je vais y passer presque une semaine, même si c'est à deux pas de chez moi et que je peux voir la cour de l'école primaire de mon fils par la fenêtre, ça ne me met pas dans une joie incommensurable. Tu connais ma technique de Sioux, maintenant : j'enclenche le **PILOTE AUTOMATIQUE.**

L'anesthésie générale, il n'y a pas à dire, c'est magique. C'est comme ça que je me retrouve, presque en un claquement de doigts, à nouveau dans ma chambre privatisée (que tu n'as normalement pas à demander, car dans ce type d'opération, c'est par défaut), entourée de mes parents et de ma grande sœur venus exprès me soutenir. Sauf que je suis tellement réactive à l'anesthésie que je roupille tout le temps de leur visite. Mais eux sont rassurés, et il me reste quelques souvenirs de leur papotage pendant que je bavais sur mon oreiller.

Je ne vais pas te le cacher, la perfusion et les drains, c'est grave relou. Le temps semble tellement plus long quand tu ne peux pas aller faire pipi sans te trimballer une potence chargée de 18 sacs. J'exagère, je sais, mais on a déjà parlé de ma tendance à amplifier la réalité. C'est la sardine qui a bouché le port de Marseille, tout ça… Le bon côté, c'est que, quelque part dans un coin de mon esprit, je barre une ligne de la *To do list* de la cancéreuse. Opération : **CHECKED !** On n'a jamais été aussi près de la libération !

Plus tard, pendant mon séjour en clinique, mon chirurgien m'a expliqué ce qu'il a fait pendant que je ronflais. J'ai vu la kiné, qui m'a fait faire les mouvements de rééducation pour mon bras. J'ai vu des infirmières et des aides-soignantes, toutes aussi adorables les unes que les autres. J'ai vu des tas de séries sur Netflix. J'ai vu mon mari et mon fils tous les matins devant ma fenêtre. J'ai vu mon mari et mon fils tous les soirs lorsqu'ils sont venus me rendre visite.

Je suis sympa, j'évite d'aborder le sujet de la nourriture en établissement hospitalier. On dirait qu'il y a une sorte de **COMPLOT** dont le but est de te faire perdre du poids dès que tu es hospitalisé. Alors que franchement, il y a des moyens plus efficaces de me dire que j'ai grossi. Ouaip, ça aussi on oublie de te le dire : non, avoir un cancer ne signifie pas obligatoirement se retrouver amaigri. Crois-moi, mon cul ne s'est jamais aussi bien porté !

Et puis en rentrant chez moi, je découvre les petits à-côtés dont on ne te parle pas. Le fait que tu perdes la sensibilité au niveau de l'aisselle, là où on a viré des ganglions, par exemple. Ou le fait que tu reçoives comme des décharges électriques jusqu'au coude. Mais on va classer ça dans les **DOMMAGES COLLATÉRAUX** et se permettre une ***PETITE DANSE DE LA JOIE***, avec un seul bras mobile, hein. Du coup tu as l'air un peu chelou, à t'agiter en protégeant ton bras, mais on s'en fout : il ne restait plus rien dans mon sein,

PLUS UNE SEULE TRACE D'ALBERT.

On l'a pulvérisé et ça, ça mérite toutes les danses manchotes du monde !

CHAPITRE 23

LE JOUR OÙ MISTER T. A PERDU SA SEXYTUDE

Après un répit de quelques semaines postopératoires, où je m'applique à reprendre des forces pour la suite, je m'autorise un bilan. Je ne m'en autorise pas souvent, car j'aime me focaliser sur l'instant présent. Mais j'ai bien mérité de m'autocongratuler. J'ai donc terminé la chimio, fait la chirurgie et mes cheveux recommencent à pousser. Ils sont peut-être tout petits et innocents, mais ils sont là. Pas le temps de s'attarder sur les tapes dans le dos que je m'administre avec fierté, ***ON ENCHAÎNE*** !

Un matin de décembre, je suis en rendez-vous avec Mister T. que je n'ai pas revu depuis deux mois environ, puisqu'il avait passé la main au chirurgien après ma dernière cure de chimio. Lui et moi n'avions jamais été séparés si longtemps. Ce sont un peu nos retrouvailles. Ben putain. J'aurais préféré ne pas le revoir !

Si tu te souviens bien, Mister T. n'est pas un petit jeunot, mais il est **SEXY**, et surtout, il a le sourire dégrafeur de soutif. Et comment te dire ça… Ce matin-là, par-dessus sa blouse de doc, il a une sorte de gilet en pilou bleu bouloché, comme ma grand-mère en portait chez elle, quand personne ne pouvait la voir, pour faire le ménage. Tu sais, le gilet que t'offre La Redoute ou les 3 Suisses pour une commande de plus de 99 centimes, qui n'a pas de forme, les manches un poil trop courtes, des

Gilet en pilou bleu bouloché comme ma grand-mère

boutons-pressions pour se fermer, un biais tout autour…

Et là je m'insurge et je dis non ! **NON !** Mister T. : tu chies dans la colle ! Tu es censé envoyer du rêve avec ton sourire. Au lieu de ça, tu me souris et je n'ai qu'une envie : partir en courant. Je pense donc lancer une pétition. On peut avoir froid et être élégamment couvert, merde quoi ! Je m'en vais deux mois et c'est la débandade quand je reviens ! Ce matin-là, il m'annonce que mes résultats ne peuvent pas être plus positifs, que je suis au max et que c'est génial et qu'il est confiant pour l'avenir, etc. Mais je n'écoute rien. Déjà parce que mon chirurgien m'a déjà dit la même chose le lundi précédent. Mais surtout, parce que je cherche un moyen poli, qui ne nuirait pas à nos relations, de lui dire que le gilet, ça ne va pas le faire. Du coup, je ne réagis même pas quand il rigole à une blague que je fais et qui n'est pas censée être une blague. Alors que bon, si son sourire dégrafe ton soutif, imagine son rire. Mais rien. **LE CHARME EST ROMPU**. Et même si le lundi suivant, quand je vais aller me faire tatouer des points de repérages pour mes 7 semaines

de radiothérapie, il ne porte plus son gilet, je vais quand même bloquer. L'image est imprimée **À JAMAIS** dans mes rétines. ***R.I.P. MISTER SEXY.***

Ce jour-là, quelque chose est parti, s'en est allé… et ce n'est pas seulement Albert. C'est la sexytude de Mister T. Je ne suis plus que déception. DH va danser la gigue par contre, quand il va apprendre ça.

J'allais donc attaquer ensuite la radiothérapie au mois de janvier suivant, tout en continuant l'Herceptin. Et je m'attendais désormais à tout pour mon prochain rendez-vous avec Mister T. Viendrait-il bosser en charentaises ? Je crois que ça ne m'étonnerait pas. Le gilet en pilou a tout foutu en l'air.

POURQUOI ?

POURQUOI ? **POURQUOI ?**

Adieu.

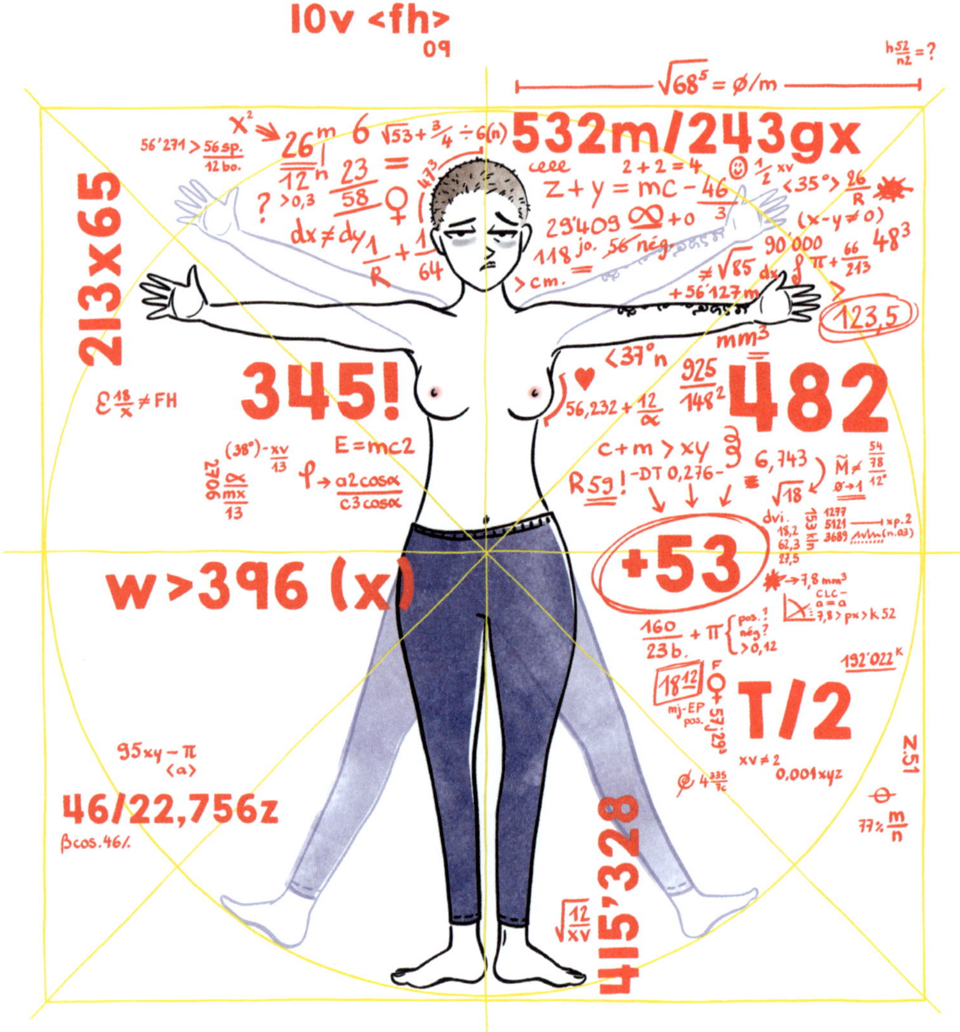

10v <fh>
09
532m/243gx
213x65
345!
482
E=mc2
+53
w>396 (x)
T/2
46/22,756z
415'328
2+2=4
123,5

CHAPITRE 24

LE JOUR OÙ LA SÉCU M'A PAYÉ UN TATOUAGE

Déjà, rassure-toi : Mister T. n'a plus porté son ignoble gilet. Franchement, c'est un soulagement. Je sais que tu retenais ton souffle et tu peux à présent avoir à nouveau la foi (comme Ophélie, la chanteuse, c'est cadeau).

Malgré cette mésaventure, on poursuit le protocole : la **RADIOTHÉRAPIE**. Me voilà alors partie pour mon scanner de repérage. 15 minutes les bras en l'air, les nichons au vent, la tête tournée. Les 15 minutes les plus fun de ma vie. Et là, tu te dis que j'ai une vie de merde. Non, je déconne, c'était pas les plus fun, mais contrairement à ce que je craignais, ça s'est bien passé. Le but de cette étape est de prendre tout un tas de mesures pour identifier précisément où il faudra balancer les radiations lors de la radiothérapie. Parce que, certes, la médecine fait des merveilles, mais le but n'est pas de t'irradier tout le corps : on cible la zone sinistrée, ça évite qu'un bras te pousse au milieu du bide. Par exemple.

Le **MANIPULATEUR** est tout gentil, un monsieur en super forme qui m'a baptisée « Minstinguette » dès qu'il m'a vue. Il fait des blagues à 2 euros, notamment quand il me montre la cabine pour me désaper :

JE FERME À CLEF POUR QUE VOUS NE VOUS ÉCHAPPIEZ PAS.

Il est du genre à tout faire pour mettre à l'aise le patient. J'apprécie, parce que des fois, on tombe sur des robots. Le gars, il voit je ne sais pas combien de patients dans la journée, et à 16 h 30 il a encore la patate et le *smile*.

Donc les 5 minutes de scanner passent et, après, ils font des calculs savants pour déterminer les points de repère pour la radiothérapie. Et tu dois attendre. Sans bouger. Dans la même position. 15 minutes. Environ. **C'EST VACHEMENT LONG 15 MINUTES**, en fait.

Le manipulateur amène ses instruments de mesures. Pendant ce temps, Mister T. vient me demander comment ça va. Il soulève la petite couverture que le manipulateur a gentiment posée sur moi pour que je ne me les gèle pas, et vérifie que mon nichon va bien. Il me tapote la cuisse en me disant : « Y en a plus pour longtemps. » OK. Moi, depuis que tu as enlevé ton gilet en pilou, ça va. Parce que sinon, je crois que je ne pourrais plus l'autoriser à être mon cancéro, avec ses goûts vestimentaires douteux.

Le manip m'annonce qu'il va me faire le premier tattoo. C'est une aiguille assez épaisse, on dirait une punaise. Je m'attends à avoir bien mal. Mais comparé à un vrai tatouage, ça passe ***FINGER IN THE NOSE***. Il s'agit de petits points indolores, noirs et discrets, dont les mesures prennent plus de temps que l'acte en lui-même. C'est ce moment que choisit Mister T. pour revenir avec un interne. Le p'tit jeune et son mentor, quoi. Le manip m'annonce que le dernier point est le plus douloureux. Comme je n'ai presque rien senti, il me sort : « Pfff même pas mal, vous êtes une dure. » Et Mister T. de renchérir : « Elle est de bonne composition, ma petite Fleur, elle est courageuse. » Et moi de me rappeler toutes les fois où on m'a dit que j'étais courageuse, et où je m'énervais en disant que non, je n'ai tout simplement pas le choix (chapitre 4, si t'as pas suivi). Bref, je commence à rire. Nerveusement.

Sur ce, Mister T. dit à l'apprenti cancéro :

TU VOIS, LÀ, SON SEIN,
IL EST BIEN,
ALORS QUE S'IL ÉTAIT COMME ÇA
(IL LE SOUPÈSE COMME UN MELON),
ÇA N'IRAIT PAS.

Mon fou rire s'intensifie quand je repense à ma pudeur, au début, tu sais ce que je disais sur mes seins et le domaine public. C'est une sorte de rétrospective en fait cet examen. J'ai les nichons à l'air,

FAITES COMME SI J'ÉTAIS PAS LÀ,
LES GARS !

Sur ce, le manip veut prendre une photo ; parce que c'est comme ça, ils font des photos de repères. En vrai gentleman, il demande à Mister T. si ça ne l'ennuie pas d'avoir sa main sur mon nichon sur la photo…

Et là, c'est le drame. **JE PARS EN FOU RIRE.** Le manip qui me lance : « Ça vous fait rire, en plus ? » Forcément, je me marre deux fois plus. L'apprenti se demande sûrement s'il me manque un élastique ou deux. Mister T., lui, il a l'habitude, il dégaine juste son sourire dégrafeur de soutif (totalement inutile dans ma situation). Et le manip qui se met à chanter une chanson sur une fleurinette. Bref, j'ai foutu le bordel au repérage de la radiothérapie.

Mais putain, qu'est-ce qu'on s'est marrés… Surtout quand il m'annonce qu'il doit aussi faire une photo de mon visage, pour que les manipulateurs me reconnaissent. Là j'ai mis mon véto. Il doit me la montrer pour que je la valide. Montrer mes seins, OK, mais ma tête, faut pas déconner.

Me voilà ainsi prête pour 7 semaines de radiothérapie. Et si les 15 minutes de repérage étaient déjà longues, j'aime autant te dire que les semaines qui s'annonçaient me donnaient envie de me pendre avec un fil de scoubidou.

CHAPITRE 25

LE JOUR QUI A DURÉ 7 SEMAINES

LA RADIOTHÉRAPIE C'EST LONG, C'EST CHIANT, ça te fout en l'air tes journées, et si tu n'as pas de bol, ça a aussi des effets secondaires dont on se passerait bien. Souviens-toi, lorsque Mister T. avait établi mon protocole de soins sur une feuille que j'ai précieusement conservée (mytho), il m'avait annoncé ça : 7 semaines de radiothérapie, à raison de 10 minutes par jour, 5 jours par semaine. Pour une fois, figure-toi que je suis passée au travers des mailles du filet de ces effets secondaires. Comme quoi, il y a une justice ! En plus, je suis sympa, je te raconte ça. Enfin pas tout non plus. Comme mon éditrice a refusé que je te détaille toutes les séances sous prétexte que 83 tomes pour ce livre, ce n'est pas possible (personne ne fait d'effort), on va partir sur une journée type.

6 H 15. Le réveil sonne et j'ai la tête dans le fion, comme chaque fois que je dois me réveiller avec une alarme et pas naturellement, comme le corps humain le demande à la base. Mais passons, j'émerge sans me cogner dans quoi que ce soit. Parce qu'en fait, après le premier jour, j'ai réaménagé l'appartement et c'est vide de ma chambre à l'entrée, maintenant. Il y a un peu d'écho, certes, mais on s'y fait. C'est un conseil que je te donne si tu dois te lever si tôt et que tu n'es pas du matin. Moins il y a d'obstacles, plus tes chances de survie sont élevées.

6 H 45. Je rejoins le taxi devant chez moi. Parce que la sécu le prend en charge et que tu vas éviter d'emmerder quelqu'un pour t'accompagner tous les jours à ta séance. Surtout quand, comme moi, elle se déroule à 7 h 20. Durant le trajet, soit nous sommes seuls et nous papotons avec le chauffeur, soit d'autres patients sont là et je mets mes écouteurs parce que je suis asociale.

7 H 20. Je me déshabille dans la cabine et je rejoins la table de radiothérapie où une machine détermine où balancer les radiations.

7 H 30. Je remonte dans le taxi pour rentrer chez moi. Comme à l'aller, selon si nous sommes seuls ou pas, je discute ou je m'isole. Pour être tout à fait honnête, je ne suis officiellement pas réveillée. Mais je fais super bien semblant, personne ne s'en rend compte.

8 H. Je rentre chez moi, loupant à 10 minutes près mon mari et mon fils. Mais je découvre sur la porte d'entrée un Post-it en forme de cœur où mon fils me souhaite une belle journée.

C'est ça tous les jours durant 7 semaines. Contrairement à ce que l'indication « 7 semaines » pourrait évoquer, ça n'a rien d'aussi torride que Kim Bassinger et Mickey Rourke en train de vider le frigo au milieu de la nuit. Par contre, si tu prends Mickey aujourd'hui, ça peut te donner une idée de ma tronche au réveil pendant ces semaines-là.

Pour une fois, je ne suis pas peu fière de dire que je n'ai pas récolté de brûlures sur la peau, ce qui semble être assez commun. Par contre, je ne t'explique pas comme **MON NICHON EST FERME**. Même quand j'étais ado et qu'il commençait à pointer le bout de son nez, il n'a jamais été aussi tonique. Le hic, c'est que n'étant irradiée qu'à droite, me voilà encore plus asymétrique qu'avant. Chienne de vie. Problèmes de cancéreuse…

Le grand changement dans ma vie durant ces 7 semaines (à part l'heure du réveil), c'est que **J'AI LÂCHÉ LA PERRUQUE**. Mes petits cheveux me font une coupe à la garçonne, et en salle de radiothérapie, les manipulateurs m'ont incitée à ne plus les cacher parce qu'ils trouvent que ça me va bien. Personnellement, je hais ma tête, hein, on ne va pas faire comme si c'était épanouissant. C'est un peu comme ma grossesse, on peut dire que je l'ai subie, alors que d'autres étaient solaires. Non, moi j'étais plutôt schtroumpf grognon. Donc le coup du « Je me sens resplendissante avec cette coupe que je n'aurais jamais osée faire autrement », ce n'est pas pour moi. Déso. Au contraire, mes cheveux me manquent, un truc de dingue. Mais comme la perruque – même si elle m'a sauvé la mise – commence sérieusement à me les briser menu (mes ovaires), j'ai sauté le pas. Lorsque j'ai croisé une ancienne institutrice de mon fils qui s'est exclamée :

OH ! VOUS AVEZ COUPÉ VOS CHEVEUX ?

J'ai enfin pu répondre :

NON, ILS SONT TOMBÉS PENDANT LA NUIT.

Sans que ce soit une blague vaseuse, puisque c'est ce qui s'est produit. Bref, **J'AI FAIT MON « COMING OUT » CAPILLAIRE**.

CHAPITRE 26

LE JOUR OÙ J'AI PRIS UN LEXOMIL

Six mois après avoir terminé les séances de radiothérapie, le protocole est officiellement ***OVER***. Quand Alexandra, qui est passée par tout ça avant moi, m'affirme : « Tu verras, plus le temps avance, mieux tu gères », en parlant de l'épée de Damoclès qui plane au-dessus de ta tête à tout moment, je la crois sans souci. Mais putain, pour le premier contrôle, je n'en mène pas large.

Une semaine avant l'examen, je commence à avoir des angoisses au point de ne pas réussir à m'endormir le soir. Depuis six mois, tu fais semblant que tout va bien, dans le sens où tu essaies au maximum de reprendre une vie qui n'est plus rythmée quotidiennement par des traitements médicaux, et puis ***BAM***, l'approche du jour J, tu te manges une super mandale dans la face. C'est important de se souvenir qu'en fait, non, tu n'es pas encore sortie d'affaire. Théoriquement oui, mais je vais te confier un petit secret : **TU NE VIS PLUS JAMAIS SANS PENSER AU CANCER.**

Bien sûr, elle a raison : avec le temps, ça s'estompe, on encaisse mieux et plusieurs jours se passent sans que tu y penses, parfois. Mais en règle générale, le cancer est toujours dans un coin de ta tête. Et lors de ce premier contrôle, j'aime autant te dire que le coin en question occupe tout l'espace. La veille de l'examen, j'étais un zombie après une semaine d'angoisses. C'est là que je me suis souvenue des Lexomil que j'avais pris au tout début. N'écoutant que mon courage (ahem), j'en ai pris un quart. Sachant que ce genre de médicament est deux fois plus efficace sur moi que sur le reste du monde, j'ai super bien dormi.

DH me dépose au laboratoire, et après la prise de sang, je rentre chez moi et je m'assois à la table pour prendre mon petit déjeuner. Puis je réalise que je n'ai plus qu'à attendre les résultats. S'il y a bien un truc qui ne me laisse pas un souvenir radieux, c'est l'attente. Ne pas savoir. Se faire Hollywood dans sa tête. Avoir mal à la gorge et se dire : **« PUTAIN, J'AI UN CANCER DE LA GORGE. »** Se casser un ongle et s'écrier : **« MERDE ! J'AI UN CANCER DES ONGLES ! »** Tous ces *bad trips*, laisse-moi te dire que, finalement, ça la remplit bien ta journée à poireauter.

Ensuite, je me cale devant mon ordinateur avec mon petit papier sur lequel sont notées les informations me permettant d'aller récupérer mes résultats en ligne. C'est moderne, maintenant, tu te connectes et hop. Oui, enfin « hop », dans la théorie. Parce que dans la pratique, si c'était aussi simple, ça se saurait. Les résultats médicaux en ligne, c'est l'équivalent de l'ouverture facile des paquets de gâteaux. C'est censé te faciliter la vie alors qu'en réalité, ça te la pourrit. Prise de sang : OK !

Puis vient le jour de l'IRM, et celui de la mammographie ainsi que l'échographie. DH m'accompagne à chaque examen, je n'ai pas prévenu mes parents. Inutile qu'on stresse tous, j'ai une dose d'angoisse suffisante pour fournir la prochaine saison de *Black Mirror*. Chaque rendez-vous, j'applique la théorie du **PILOTE AUTOMATIQUE**, sans ça, je sais que je risque de craquer. Le fait que le manipulateur radio à la mammographie soit un super beau gosse ne joue pas du tout dans le fait que ça se déroule un peu mieux que je le pensais. Absolument pas. Surtout que bon, vu comment il écrabouille mes seins entre deux plaques de plexi, je doute de ne plus lui en vouloir un jour. J'aimerais bien voir sa réaction si je faisais une crêpe avec son service trois pièces.

Bref, ce premier contrôle te renvoie à l'annonce de la maladie et à la longue liste de tous les examens que tu as passés depuis. Ça fait appel à une sorte de conditionnement. Et je ne suis pas là pour te faire croire que dès la nouvelle de l'élimination d'Albert, tout redevient *peace and love* dans ta vie et dans ton corps. Mais ne perds pas espoir et pose cette feuille de papier avec laquelle tu envisageais de te couper les veines : ça s'atténue vraiment. Plus les mois passent, plus les contrôles se succèdent, **MIEUX TU VIS TOUT ÇA.** Et tu sais quoi ? C'est rassurant, en fait. Se dire que s'il y a quoi que ce soit, les médecins ont le nez dessus à temps.

Au final, j'ai passé mon examen de contrôle avec succès. Et les suivants aussi (je touche du bois). Je ne suis pas tranquille pour autant, mais **JE MESURE CHAQUE JOUR MA CHANCE.** Je n'irais pas jusqu'à remercier Albert, hein, faut pas trop déconner non plus, il prendrait la grosse tête… Mais quand tu cohabites avec une ou plusieurs tumeurs, tu apprends à relativiser beaucoup de choses. Huit ans plus tard, tu peux même dresser un bilan tel un grand sage mystique. Ou monter ta secte.

Mais, être gourou, c'est so overrated…

CONCLUSION

LE JOUR OÙ J'AI DRESSÉ UNE LISTE

Quand un truc te tombe sur la tronche comme, au hasard, un cancer du sein à 32 ans, ça t'oblige à mettre toute ton existence en perspective. Pour toi, voici une liste de tout le **POSITIF** qu'Albert a apporté dans ma vie sans le faire exprès.

Quand DH laisse trainer ses chaussettes sales par terre, je les ramasse si elles me dérangent, je les laisse si elles ne m'empêchent pas de vivre. Mais je ne lui prends pas la tête avec ça, parce qu'il y a plus important.

Albert a fait le tri dans mes amis. Maintenant, je sais qui ils sont vraiment et je n'ai même pas eu à rompre avec qui que ce soit. Les lâches se barrent dès que le mot « cancer » fait son entrée dans ton quotidien. On devrait plus souvent vanter les mérites anticons du cancer.

Mes cicatrices me donnent l'impression d'avoir fait le Viêt Nam et je me sens un peu vétérante dans l'âme.

Mes cheveux sont tout neufs.

Mes sourcils sont tout neufs.

Mes cils sont tout neufs.

Mes poils de jambes aussi, mais eux, on s'en serait passé. Dommage qu'ils soient revenus, mais il paraît que c'est un packaging...

J'ai rencontré Angela, et une belle amitié est née de cette saloperie de cancer du sein.

Mes lectrices toujours au top et présentes !

J'ai gagné des amies en or. Le cancer est peut-être à l'origine de notre rencontre, mais on a su en tirer un maximum de positif.

Carpe diem. Ou YOLO, comme on dit maintenant. On n'a pas le temps de se prendre la tête avec des conneries.

Les perruques de foufoune de Jacinthe, ma diabétique poilue préférée. Je te donnerai mes orteils, tu me fileras tes poils.

Marc Màrquez, le pilote de vitesse moto, découvert un jour postchimio alors que j'avais la flemme de me lever récupérer la télécommande pour changer de chaîne.

Ce livre.

Tout au long de mon parcours, et encore aujourd'hui, j'ai pu bénéficier de l'accompagnement de ***ROSE MAGAZINE***, de l'association **ROSE UP**. Ce magazine gratuit que j'ai découvert durant ma première chimiothérapie, dans le pôle ambulatoire d'injections, a changé ma façon de me voir et d'envisager ma situation.

Leur ***DISCOURS OUVERT***, franc et féminin (voire féministe) est exactement ce qu'il me fallait. Lire des sujets traitant de ce qu'on vit au quotidien est une bouée dans une situation très souvent pénible.

C'est pour ça que je t'invite à te rapprocher de cette association. Que tu sois concernée directement ou non, il s'agit précisément de l'association à soutenir. Elles ont réussi à mettre en place le ***DROIT À L'OUBLI*** à 5 ans, par exemple, et sont à l'origine de bien d'autres actions.

Tu peux les découvrir sur leur site ***ROSE-UP.FR*** et, pourquoi pas, y apporter ta pierre avec un don qui leur sera toujours utile !

Dépôt légal : août 2022

Imprimé en Espagne par Graphycems

Cet ouvrage est imprimé sur du papier offset 120 g, issu de forêts gérées durablement.